W0396067

Britta Klopsch

Selbstevaluation an der Grundschule

Ein konkreter Leitfaden

Persen
Persen Verlag

Die Autorin:

Britta Klopsch ist eine erfahrene Englischgrundschullehrerin und Dozentin an der PH Heidelberg sowie langjährige Ausbilderin am Studienseminar.

Dieses Buch wäre ohne die tatkräftige Unterstützung und engagierte Mitarbeit der folgenden Personen nicht zustande gekommen:

Kendra Diemer, Lucia Hefti, Andreas Kreischer, Sonja Limburg, Jennifer Lohr, Simon Mehrling, Regina Rakovski, Dirk Reinheimer, Anika Schäfer, Sarah Wetzel

Bei der Entwicklung der Evaluationsinstrumente haben außerdem mitgewirkt:

Luisa Adler, Rosaria-Patrizia Afflitto, Anne Bergmann, Sinem Büyükakpinar, Jasmin Eiffler, Nadine Halter, Christian Mall, Michael Miksch, Jennifer Nägele, Judith Sans, Katharina Ruf, Johanna Walter, Carolin Wetzel, Tanja Wrobel, Stephanie Wünschmann und Ulrike Wutzler

Gedruckt wird auf umweltbewusst gefertigtem, chlorfrei gebleichtem und alterungsbeständigem Papier.

1. Auflage 2012

Grafik: Julia Flasche sowie: Claudia Bauer (Federballschläger, Geobrett); Janice Bowles (Dreieck/Viereck); Mele Brink (Besen); Andrea Frick Snuggs (Stelzenlaufen, Hulla Hoop, Hüpfspiel); Anke Fröhlich (Lehrende, Hand mit Zeigefinger, Balancieren, Junge/Mädchen auf Sofa); Barbara Gerth (Pikto: Gesunde Ernährung, Sonne, Mond, Ball, Fußballtor, Schaukel, Fenster); Ingrid Hecht (Taschenrechner, Seil, Murmeln); Sandra von Kunhardt (Schild); Elisabeth Lottermoser (Taucherbrille, Blumendienst, Lampe); Ari Plikat (Piktogramm: Gesunde Ernährung); Katharina Reichert-Scarbarough (Plakat); Charlotte Wagner (Sand, Tafel, Zirkel, Rechenperlen, Rechenplättchen, Muggelsteine, Zählende Hände, Piktogramme: Einzel-, Gruppen- und Frontalunterricht)

Satz: Satzpunkt Ursula Ewert GmbH, Bayreuth

ISBN: 978-3-403-23228-5

www.persen.de

1. Einführung

1.1 Evaluation – was ist das? 4

1.2 Wozu dient eine Selbstevaluation? 4

1.3 Welche theoretischen Grundlagen sollten berücksichtigt werden? 4

1.4 Gibt es bestimmte Rahmenrichtlinien bei der Selbstevaluation? 6

1.5 Wie groß ist der zeitliche Umfang einer Selbstevaluation? 7

1.6 Wer evaluiert? 7

1.7 Wie wird eine Selbstevaluation gestaltet? 8

1.8 Wie können die Ergebnisse veröffentlicht werden? 15

1.9 Der Weg der Selbstevaluation / Checkliste 18

2. Materialien: Interview- und Fragebögen

Einführung 20

Themenbereiche

- Kooperation: im Lehrerkollegium – Interviewleitfäden, Beispielinterviews 21
- Kooperation: aufnehmende/abgebende Institutionen – Interviewfragebögen 24
- Ankündigungen des Verfahrens (für Kollegen/Eltern) – Vorlagen 27
- Schule/Schulleben – Fragebögen (für Eltern/Kollegen) 29
- Pausengestaltung – Fragebögen (für Schüler/Kollegen) 32
- Schulbücherei – Fragebögen (für Schüler/für betreuende Kollegen/andere Kollegen) 40
- Arbeitsgemeinschaften – Fragebögen (für Schüler/Kollegen) 46
- Gesundheitsförderung – Fragebögen (für Schüler/Kollegen) 50
- „Das Schwimmbad und ich" – Fragebögen (für Schüler) 58
- „Meine Klasse und ich" – Fragebögen (für Schüler) 60
- „Mein Deutschunterricht" – Fragebögen (für Schüler) 65
- „Mein Mathematikunterricht" – Fragebögen (für Schüler) 71

3. Textquellenverzeichnis 78

Inhalt der beiliegenden CD

Arbeitsblätter und Fragebögen als PDF und im veränderbaren word-Format

1.1 Evaluation – was ist das?

Evaluation ist ein Begriff, dem man immer häufiger begegnet. Ob in Firmen, Vereinen oder der Schule – evaluiert wird nahezu überall. Aber was ist das eigentlich?

Die Deutsche Gesellschaft für Evaluation (DeGEval) definiert den Begriff folgendermaßen: „**Evaluation** ist die **systematische Untersuchung** des **Nutzens** oder **Wertes** eines **Gegenstandes**. Solche Evaluationsgegenstände können z. B. Programme, Projekte, Produkte, Maßnahmen, Leistungen, Organisationen, Politik, Technologien oder Forschung sein. Die erzielten Ergebnisse, Schlussfolgerungen oder Empfehlungen müssen nachvollziehbar auf empirisch gewonnenen, qualitativen und/oder quantitativen Daten beruhen." (Deutsche Gesellschaft für Evaluation, 2002, S. 13)

Je nach Einsatzgebiet können mit einer Evaluation **verschiedene Ziele** verfolgt werden. Bei der *formativen* Evaluation wird ein Zustand während eines Prozesses begutachtet, um – falls nötig – währenddessen Änderungen vornehmen zu können. Im Gegensatz dazu steht die *summative* Evaluation, welche am Ende eines Prozesses durchgeführt wird. Durch sie kann das Ergebnis mit dem postulierten Ziel verglichen werden.

Eine weitere Unterscheidung von Evaluationsarten ist die der *Fremd- und Selbstevaluation*. Erstere wird meist von besonders geschulten Experten durchgeführt. Sie kommen an eine Institution, erheben dort Daten, werten diese aus und geben ihrem Auftraggeber ein Feedback.

Die **Selbstevaluation**, die auch als **interne Evaluation** bekannt ist, wird von Personen durchgeführt, die einer Institution angehören – und dabei soll Ihnen dieses Buch helfen.

1.2 Wozu dient eine Selbstevaluation?

Der übergeordnete **Sinn** jeder Evaluation besteht darin, die **Schule weiterzuentwickeln**. Veränderungswürdige Bereiche sollen entdeckt und Möglichkeiten gefunden werden, diese zu verbessern. Damit eine Weiterentwicklung grundsätzlich möglich ist, müssen zunächst drei **Voraussetzungen** erfüllt sein:

a) Die an der Evaluation Beteiligten müssen erkennen, dass Bereiche der Schule veränderungsbedürftig sind. Evaluation führt nicht selten zu Veränderungen. Das heißt, Gewohnheiten könnten sich wandeln und bestehende Strukturen aufbrechen.
b) Die Beteiligten müssen den Ist-Zustand der Schule erkennen und offen für Erneuerungen sein. Neben der Verheißung auf Erfolg setzen sie sich dabei auch der Gefahr des Scheiterns aus.
c) Grundsätzlich müssen die Beteiligten bereit sein, die Ergebnisse der Evaluation ernst zu nehmen und daraus Konsequenzen zu ziehen.

Der Vorteil einer Selbstevaluation liegt darin, dass es keine allgemeingültigen Regeln oder Normen gibt, nach denen vorzugehen ist.

1.3 Welche theoretischen Grundlagen sollten berücksichtigt werden?

Jede Schule legt individuell fest, welchen Bereich sie unter welcher Fragestellung untersuchen möchte. Die Durchführung und Auswertung der Untersuchung erfolgt durch die Evaluatorinnen und Evaluatoren, die den Handlungsbedarf abschätzen. Grundsätzlich können Evaluationen auf drei unterschiedlichen Ebenen stattfinden (vgl. Hense 2006):

- Die **symbolische Ebene** legt ihren Schwerpunkt auf die Bewertung eines bestimmten Bereiches. Die Bewertung muss hier auf aktuelle Daten zurückgehen.

- Die **Handlungsebene** ist ein Bereich, bei dem geplant Daten gesammelt und ausgewertet werden. Im Gegensatz zur symbolischen Ebene steht hier nicht die Bewertung im Vordergrund, sondern der Prozess, durch den ein Urteil zustande kommt.
- Auf der **materiellen Ebene** werden die gewonnenen Daten in Form von Berichten, Gutachten und Stellungnahmen gesammelt.

Für die Arbeit in der Schule gilt:

Beachten Sie alle drei Ebenen und legen Sie gemeinsam mit dem Kollegium fest, auf welcher Ebene Ihr **momentaner Schwerpunkt** liegt: Befinden Sie sich in der Phase der ersten Auseinandersetzung mit dem geplanten Evaluationsvorhaben? Möchten Sie momentan relevante Daten für das Schulportfolio sammeln? Entwickeln Sie gerade einen Veränderungsvorschlag für einen bestimmten Prozess?

Ausschlaggebend für jede Selbstevaluation ist ihr **Ziel**. Je mehr Sie über die eigenen Ziele wissen, desto besser können Sie sie erreichen. In diesem Zusammenhang bietet es sich an, über den möglichen Nutzen der Evaluation für die eigene Schule nachzudenken.

Der Nutzen wird in der Regel durch die folgenden Funktionen beschrieben (vgl. Altrichter/Messner/Posch 2004):

- Die **Entwicklungsfunktion** zeigt auf, wie Steuerungs- und Entwicklungsprozesse in der Schule verlaufen und ermöglicht inhaltliche Entscheidungen für die Schulpraxis.
- Die Beurteilung von hierarchischen Strukturen bzw. von Einzelpersonen wird in der **Kontrollfunktion** zusammengefasst.
- Anregungen für Entwicklungsmaßnahmen und neue Programme bietet die Funktion **Erkenntnisgewinn**.
- Die **Rechenschaftslegung** legitimiert die Zweckmäßigkeit von schulischen Angeboten und Aufgaben.
- Durch die **Öffentlichkeitsarbeit** werden Angaben über die Schule veröffentlicht, die Schulträger, Eltern, Kinder oder weitere am Schulleben Beteiligte interessieren könnten.
- Die **Professionalisierungsfunktion** dient zur Reflexion der eigenen Arbeit. Die Evaluationsergebnisse können zum besseren Verständnis der eigenen Situation bzw. zum Anstieg der professionellen Souveränität genutzt werden.

Wenn das Kollegium sich gemeinsam darüber abgestimmt hat, welcher Nutzen mit der Evaluation verknüpft wird, bietet es sich an, das geplante Vorhaben an den vier **Prinzipien einer Evaluation** zu spiegeln (vgl. Beywl 2000):

Zunächst sollte sie **nützlich** sein. Was für die Schule wirklich von Interesse ist und welche Fragestellung demzufolge sinnvoll wäre, kann nur die Einzelschule selbst beantworten. Bereits in der Planungsphase sollte berücksichtigt werden, dass die Evaluationsergebnisse letztlich einer gewinnbringenden Auseinandersetzung in einem spezifischen Bereich dienen.

Eine Evaluation sollte darüber hinaus **durchführbar** sein. Diese scheinbare Selbstverständlichkeit ermahnt, stets die personellen und sachlichen Ressourcen im Blick zu halten: Wer arbeitet an der Evaluation mit? Wie groß ist der zu evaluierende Bereich? Wie viel Zeit benötigen wir für die Erhebung und Auswertung? Welchen Zeitrahmen haben wir zur Verfügung?

Der dritte Grundsatz ist die **Fairness**. Die Durchführung, Auswertung und anschließende Präsentation der Ergebnisse muss unparteiisch, sachlich und objektiv erfolgen.

Zuletzt muss eine Evaluation auch möglichst **genau** sein, d.h., ihre Ergebnisse müssen jederzeit überprüfbar sein. Dies wird durch eine transparente Gestaltung des gesamten Evaluationsverfahrens sowie die Offenlegung aller Fragebögen, Interviewleitfäden etc. ermöglicht.

Je nachdem, welche Information erhoben werden soll, bietet es sich an, eine möglichst große Datenmenge heranzuziehen, um individuell geprägte Meinungen in den Hintergrund treten zu lassen.

Gesetzliche Grundlagen

Die Selbstevaluation bzw. interne Evaluation ist in den meisten Bundesländern gesetzlich geregelt. Die folgende Liste zeigt die einschlägigen Paragraphen der **Schulgesetze**, die die Selbstevaluationen festlegen, sowie deren Verbindlichkeit.

- *Baden-Württemberg:* SchG § 114 (seit 2006); EvaluationsVO (seit 2008)
- *Bayern*: BayEUG Art. 113a (seit 2008); BayEUG Art. 113c (seit 2010)
- *Berlin*: SchulG § 8 (seit 2004/2008)
- *Brandenburg:* SchulG § 8 (seit 2004/2008)
- *Bremen:* BremSchulG § 9
- *Hamburg:* HmbSG § 51,3; HmbSG § 100,2 (seit 2010)
- *Hessen*: HSchG § 127b (seit 2000)
- *Mecklenburg- Vorpommern*: SchulG M-V § 39a (seit 2010)
- *Niedersachsen:* NSchG § 32 (3); NSchG §123a (seit 2008)
- *Nordrhein-Westfalen:* SchulG § 3 (seit 2005)
- *Rheinland-Pfalz*: SchulG § 23; SchulG § 97a (seit 2004)
- *Saarland:* SchoG § 20e (seit 2006)
- *Sachsen*: SchG § 1, 59a (seit 2004)
- *Sachsen-Anhalt:* SchG LSA § 11a (seit 2004)
- *Schleswig-Holstein*: SchulG § 3 (seit 2007)
- *Thüringen:* ThürSchulG § 40 (2) (seit 2003)

Darüber hinaus bieten viele Bundesländer jeweils durch sogenannte **Orientierungsrahmen für Schulqualität** Anhaltspunkte, welche Bereiche evaluiert werden können bzw. wie länderspezifisch Schulqualität definiert wird. Die Orientierungsrahmen sind teilweise sehr unterschiedlich gestaltet. Sollten zurate gezogene Orientierungsrahmen nicht sehr aussagekräftig sein, so empfiehlt es sich, sich bei den anderen Bundesländern Anregungen zu holen.

Je nach Schulgröße sind ein bis zwei Selbstevaluationen pro Schuljahr sinnvoll.

1.4 Gibt es bestimmte Rahmenrichtlinien für die Selbstevaluation?

Zur Durchführung der Selbstevaluation sollten Sie die folgenden Hinweise beachten.

Mitwirkungspflicht

Grundsätzlich sind alle **Lehrkräfte** dazu verpflichtet, im Rahmen von Qualitätsentwicklung und Qualitätssicherung Selbstevaluationen durchzuführen und/oder an Selbstevaluationen teilzunehmen.

Schüler(innen), Eltern und Schulpersonal sind nicht zur Selbstevaluation verpflichtet, dürfen aber freiwillig daran teilnehmen. Eine Ausnahme gilt allerdings im Rahmen eines Unterrichtsbesuchs, der für Schülerinnen und Schüler, ebenso wie regulärer Unterricht, verpflichtend ist. Ebenso kann auch das Schulpersonal zur Mitwirkung der Selbstevaluation verpflichtet werden.

Datenschutz

Wenn Sie an Ihrer Schule im Rahmen von Selbstevaluation eine Datenerhebung machen, muss das jeweilige Landesdatenschutzgesetz (LDSG) beachtet werden.

Eine Datenerhebung sollte stets anonym sein und so erfolgen, dass keine Zuordnung zu bestimmten Personen möglich ist. Bei minderjährigen Schülerinnen und Schülern sollten die Eltern im Zuge einer guten und vertrauensvollen Zusammenarbeit jedoch stets über die geplante Teilnahme an der Selbstevaluation informiert werden. Dies kann beispielsweise durch Elternbriefe vorab geleistet werden.

Tipp: So gewährleisten Sie Anonymität:

- Evaluieren Sie keine Gruppen unter 5 Personen, die Anonymität kann hier nicht gewährleistet werden.
- Verzichten Sie auf Namensangaben.
- Wenn Sie eine Vorher-Nachher-Untersuchung machen, bei denen der erste Fragebogen mit dem zweiten in Beziehung gesetzt werden soll, lassen Sie die Teilnehmenden statt deren Namen einen „Code" benutzen. Legen Sie den Code so fest, dass er auch bei der zweiten Befragung noch präsent ist. (Beispiel: Initialen des Mädchennamens der Mutter + Geburtsmonat des Vaters: KV08)

1.5 Wie groß ist der zeitliche Umfang einer Selbstevaluation?

Wie viel Zeit eine Selbstevaluation in Anspruch nimmt, hängt vor allem von der Wahl des Evaluationsinstruments (siehe S. 9f) und dem Umfang der Selbstevaluation ab, weswegen sich ein allgemeiner, zeitlicher Richtwert schwer finden lässt. Befragt man die ganze Schule, sprich alle Lehrer, Schülerinnen, Schüler und Eltern, so kann dies durchaus bis zu zwei Monate in Anspruch nehmen. Wählt man einen kleineren Rahmen, beispielsweise nur das Kollegium oder eine Klasse, dauert die gesamte Durchführung bis hin zur Auswertung wohl nur ein paar Wochen.

Der **günstigste Zeitpunkt** einer Selbstevaluation hängt ebenfalls von der individuellen Schule ab. Will man beispielsweise ein Projekt evaluieren, empfiehlt es sich, die Befragung zeitnah dem Ende des Projekts anzuschließen, um aussagekräftige Ergebnisse zu erzielen. Im Idealfall legt das Kollegium im Zuge der Abstimmung eines Evaluationsthemas auch den Zeitpunkt der Evaluation fest. Erfahrungsgemäß sollte man aber Zeiten der allgemeinen Anspannung meiden, wie beispielsweise Weihnachten, Schullandheimaufenthalte oder die Zeugniszeit.

1.6 Wer evaluiert?

Bei einer Selbstevaluation sind die Evaluierenden stets Mitglieder der Organisation bzw. Institution, die evaluiert wird.

Je nach Größe der Schule und zu erwartendem Arbeitsaufwand ist es sinnvoll, eine **Evaluationsgruppe** zu bilden, die eng zusammenarbeitet.

Das **Aufgabenspektrum** der Evaluierenden umfasst mehrere Schritte.

Zunächst wird ein Themenbereich abgestimmt, die Instrumente (Fragebögen, Interviewleitfäden etc.) erstellt und die Evaluation an sich durchgeführt.

Dabei sollten die beteiligten Evaluatoren und Evaluatorinnen in der Lage sein, sowohl die schulinterne als auch die schulexterne Position einzunehmen, um die Ergebnisse objektiv und neutral zu beurteilen.

Die ermittelten Daten, Fakten und Meinungen werden von ihnen anschließend zusammengefasst und dem Kollegium vorgestellt. Gemeinsam mit dem Gesamtkollegium sollten möglichst zeitnah Konsequenzen aus dem Ergebnis ermittelt sowie das weitere Vorgehen abgestimmt werden.

Evaluierende sind damit direkt an der Schulentwicklung beteiligt und für eine angemessene Gestaltung des Qualitätsentwicklungskonzepts verantwortlich.

Darüber hinaus müssen sie die Evaluationsergebnisse und gegebenenfalls die Konsequenzen der Schulgemeinde sowie der Öffentlichkeit in einem angemessenen Umfang präsentieren.

Evaluierende sollten Lehrkräfte sein, die Vertrauen seitens der Schulleitung, des Kollegiums und der Elternschaft genießen, um wahrheitsgemäße Einschätzungen zu erhalten und die Ergebnisse wirksam präsentieren zu können.

Darüber hinaus sollten sie eine hohe Sozial- und Kommunikationskompetenz besitzen, um (negative) Ergebnisse oder auch heikle Themen, wie z. B. „Unterricht“ oder „Schulleitung“, wahrheitsgemäß darzustellen und gleichzeitig eine positive Atmosphäre zu schaffen, die eine fruchtbare Weiterentwicklung nach sich zieht.

1.7 Wie wird eine Selbstevaluation gestaltet?

Jede Evaluation unterliegt in ihrem Ablauf einem achtschrittigen Zyklus (vgl. Holtappels 2003):

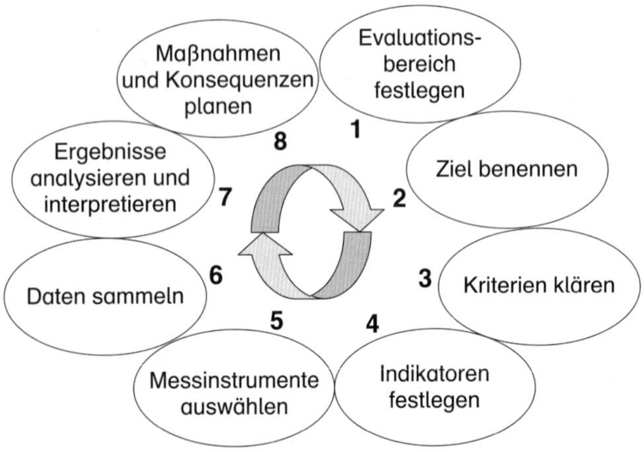

1. Schritt: Evaluationsbereich festlegen

Stellen Sie sich ganz am Anfang der Selbstevaluation die folgende Frage:

Was möchte ich untersuchen?

Identifizieren Sie zunächst den einen Bereich, den Sie, als Schule, weiterentwickeln möchten. Folgende Bereiche könnten beispielsweise von Ihnen gewählt werden:

1) Unterricht und Unterrichtsprozesse

Dieser Bereich umfasst eine Bandbreite von Themen, über die Ausstattung und Verfügbarkeit von Unterrichtsmedien bis hin zum Ablauf des Schultags (bspw. die Planung der Schulstunden und Pausen).

Mögliche Evaluationsthemen:
- Ist unser Schulalltag gut rhythmisiert: Gibt es ausreichend Pausen?
- Sind für die vorgeschriebenen Experimente genügend Materialien vorhanden?

2) Professionalität der Lehrkräfte

Bei diesem Bereich geht es um die Arbeit der Lehrkräfte und ihre Bereitschaft zur Zusammenarbeit, zu Fort- und Weiterbildungen sowie zum Engagement für schulische Angelegenheiten.

Mögliche Evaluationsthemen:
- Lässt sich das Kollegium in vielen verschiedenen Bereichen fortbilden?
- Sind die Fachschaftssitzungen effektiv?
- Wie kann die Zusammenarbeit aller Lehrkräfte einer Klassenstufe verbessert werden?

3) Schulführung und Schulmanagement

Schulführung und Schulmanagement umfasst nicht nur intern die Aufgabenbereiche der Schulleitung, sondern bezieht auch beispielweise die Öffentlichkeitsarbeit einer Schule mit ein.

Mögliche Evaluationsthemen:
- Wie tritt die Schule in der Presse auf?
- Wird die Schulkultur durch Schulleitung und Lehrpersonal gemeinsam gelebt?

4) Schul- und Klassenklima

In diesen Bereich kann die Schule – je nach ihrer Eigendefinition – auch außerschulische Partner mit aufnehmen, die zum Schulklima beitragen.

Mögliche Evaluationsthemen:
- Wie ist grundsätzlich das Verhältnis von Schülern und Lehrern?
- Wie ist das Verhältnis zwischen den Klassen?
- Wie ist das Verhältnis zwischen der Schule und den am Schulleben Beteiligten, wie z. B. Sport- oder Musikvereinen?

Tipp: Beschränken Sie sich bei Ihrer ersten Evaluation auf ein möglichst eindeutiges und übersichtliches Thema. Dies erleichtert Ihnen später den Umgang mit den erhobenen Daten.

Klären Sie darüber hinaus:

Wer soll bei der Evaluation befragt werden?

Überlegen Sie hier genau, welcher Personenkreis für die Beantwortung der Fragen wichtig ist. Es können grundsätzlich alle, die am Schulleben beteiligt sind, befragt werden.

Dies umschließt auch Eltern, Schulangestellte außerhalb der Lehrtätigkeit sowie den Schulträger.

2. Schritt: Ziel benennen

Überlegen Sie sich nun, was Sie durch die Evaluation erreichen wollen. Halten Sie dieses Ziel schriftlich fest. So wird sichergestellt, dass es für alle Beteiligten transparent ist und immer wieder zur Überprüfung herangezogen werden kann. Gestalten Sie Ihr Ziel nach den Kriterien der **SMART**-Formel:

- **S**pezifisch (situations- und personenorientiert)
- **M**essbar (überprüfbar)
- **A**ktionsorientiert (auf eine konkrete Handlung bezogen)
- **R**ealistisch (überschaubar und inhaltlich begrenzt)
- **T**erminiert (zeitlich festgelegt)

Diese Formel stellt sicher, dass sich ihre Untersuchung an den allgemeinen Gütekriterien einer Evaluation orientiert.

3. Schritt: Kriterien klären

Die Kriterien beschreiben den zu evaluierenden Bereich näher und können unterschiedlich gewichtet sein (z. B. ein Kriterium ist für die Zielerreichung wichtiger als ein anderes).

Wenn Sie beispielsweise die Öffentlichkeitsarbeit Ihrer Schule evaluieren wollen, überlegen Sie sich zunächst, welche Kriterien aus Ihrer Sicht zur Öffentlichkeitsarbeit gehören und wie diese erhoben werden könnten.

4. Schritt: Indikatoren festlegen

Ganz allgemein gesprochen sind Indikatoren Hinweise auf bestimmte Merkmale oder Kriterien. Manchmal sind mehrere Indikatoren nötig, um ein Kriterium zu beschreiben.

Ein Indikator kann beispielsweise aus einem Satz bestehen, zu dem sich der Befragte positionieren muss (stimme zu/stimme weniger zu/stimme nicht zu).

Darüber hinaus können auch offene Fragen ohne Antwortmuster gestellt werden, die von den Befragten frei beantwortet werden müssen.

Formulieren Sie ihre Indikatoren …

… eindeutig auf einen Sachverhalt bezogen (kein „und" im Satz!).

… neutral und wertfrei.

… so kurz und einfach wie möglich.

… auf die Zielgruppe zugeschnitten (vgl. z. B. 1. Klasse oder Erwachsene).

Tipp: Formulieren Sie so wenige Indikatoren wie möglich – aber so viele wie nötig!

5. Schritt: Messinstrumente auswählen

Bei der Wahl des Messinstrumentes gibt es drei verschiedene Möglichkeiten, die, je nach Bedarf, auch kombiniert werden können:

- *Quantitativ-geschlossene Verfahren*
  Zu dieser Gruppe gehören Fragebögen, die durch Ankreuzen beantwortet werden können, sowie Checklisten. Die Fülle der Antworten steht hier im Vordergrund.
  Die Vorteile dieses Verfahrens liegen darin, dass sehr viele Personen befragt werden können, ein zuverlässiger Gesamtüberblick

geboten wird und der Umgang mit solchen Fragebögen gut handhabbar ist.
Als nachteilig könnte angesehen werden, dass die Fragebögen wenig fallspezifische, detaillierte Hinweise ermöglichen und lediglich vereinfachte Antworten erzielen.

- *Qualitativ-offene Verfahren*
  Diese Art der Datenerhebung besteht u. a. aus Interviews oder Fragen, die keine Antwortmöglichkeiten vorgeben. Die Qualität der Antworten steht hier im Vordergrund.
  Offene Fragen können neue Ursache- und Wirkungszuschreibungen aufzeigen und komplexe Zusammenhänge sichtbar machen, da individuelle Begründungsmuster möglich sind.
  Als Nachteil gilt, dass die Auswertung der Antworten schwieriger und zeitintensiver ist als bei quantitativen Fragen. Außerdem kann eine große Bandbreite an Antwortschemata auftreten, die kaum generalisierbar ist.
  Solche Ergebnisse sind dann vielmehr Anstoß für eine Diskussion als eine abschließende Bewertung von Maßnahmen.

- *Alternative Verfahren*
  Eine weitere Möglichkeit, Informationen einzuholen, besteht in kreativen und expressiven Verfahren, wie z. B. Collagen, Videos oder Fotos, die vom Evaluationsteam oder den zu Befragenden erstellt werden.
  Kreative Verfahren können beispielsweise dazu eingesetzt werden, herkömmliche Befragungen zu ergänzen (z. B. zu „Unfallgefahren auf dem Pausenhof").
  Die Schwierigkeit liegt hier insbesondere in der Auswertung, da Kriterien erstellt werden müssen, die als „Leitfaden" dienen können, um konkrete Inhalte und Informationen herauszufiltern.

6. Schritt: Daten sammeln

Wenn möglich, empfiehlt es sich immer, vor dem eigentlichen Einsatz der entwickelten Instrumente einen Probedurchlauf zu machen. Diese Probe ermittelt, ob sich die Instrumente als einsatzfähig erweisen oder verändert werden sollten:

- Sind die Fragen verständlich?
- Wie lange brauchen die Probanden für die Beantwortung?
- Fehlen wichtige Fragen aus Sicht der Probanden, um das Thema gründlich zu erfassen?

Nun können Sie die Fragebögen austeilen bzw. die Interviews durchführen, wobei alle Antworten schriftlich festgehalten werden sollten.

> ***Tipp 1:*** Verfassen Sie ein Anschreiben zum Fragebogen, in dem Sie mitteilen, wann der Fragebogen zurückgegeben werden soll.

> ***Tipp 2:*** Lassen Sie Schülerinnen und Schüler die Fragebögen in der Schule ausfüllen, das sichert Ihnen einen großen Rücklauf.

7. Schritt: Ergebnisse analysieren und interpretieren

Nachdem die Daten erhoben worden sind, müssen Sie diese auswerten (vgl. Wottawa/Thierau 1998).

Dabei kann – je nach Verfahren – folgendermaßen vorgegangen werden:

- *Quantitativ-geschlossene Verfahren*
  Zählen Sie die Antworten nach Häufigkeiten aus. Überlegen Sie sich dabei, ob es sinnvoll ist, nach Klassenstufen zu trennen, oder alle Fragebögen zu einem gemeinsamen Ergebnis führen.
  Eine andere Möglichkeit besteht in der Abbildung eines Lageparameters, der das gesamte Material lokalisiert und einen Mittelwert (arithmetisches Mittel) ergeben kann.

Quantitative Ergebnisse analysieren und interpretieren – Beispiele

Beispiel 1: Prozentuale Auswertung der meistgenutzten Spiele in der großen Pause

Fazit 1: Das Fußballspiel wird von den Schülerinnen und Schülern am meisten genutzt.

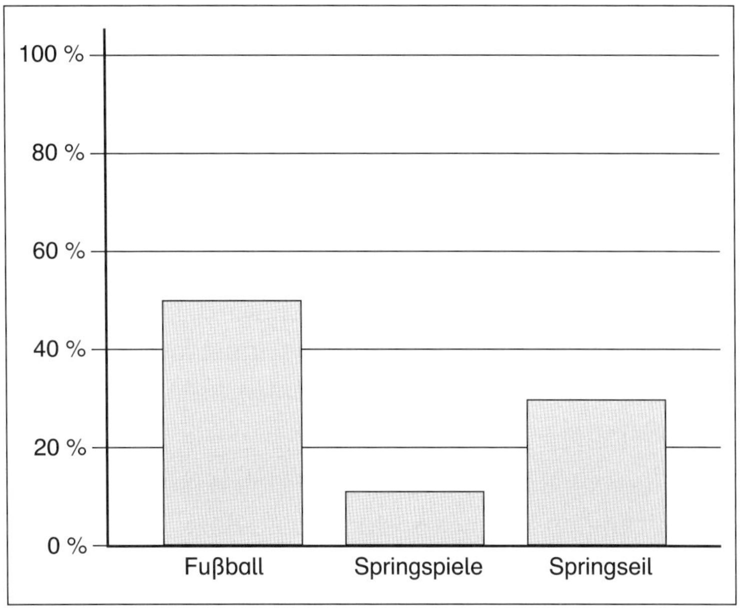

Achten Sie bei der Auswertung genau auf die Fragestellung! Man kann nicht schlussfolgern, dass die meisten Schülerinnen und Schüler Fußball spielen, da nach der Nutzung der vorhandenen Spiele gefragt wurde und nicht nach der Pausenaktivität an sich!

Lösungsvorschlag: Da es keine Tore gibt, werden welche angeschafft.

Fazit 2: Die Springspiele, die auf den Boden aufgemalt sind, werden am wenigsten genutzt (Grund: Sie sind schlecht sichtbar.).

Lösungsvorschlag: Die Springspiele werden erneuert.

Beispiel 2: Wünsche zur Anschaffung neuer Spielgeräte

Fazit 1: Von den meisten Schülerinnen und Schülern wird eine Kletterwand gewünscht.

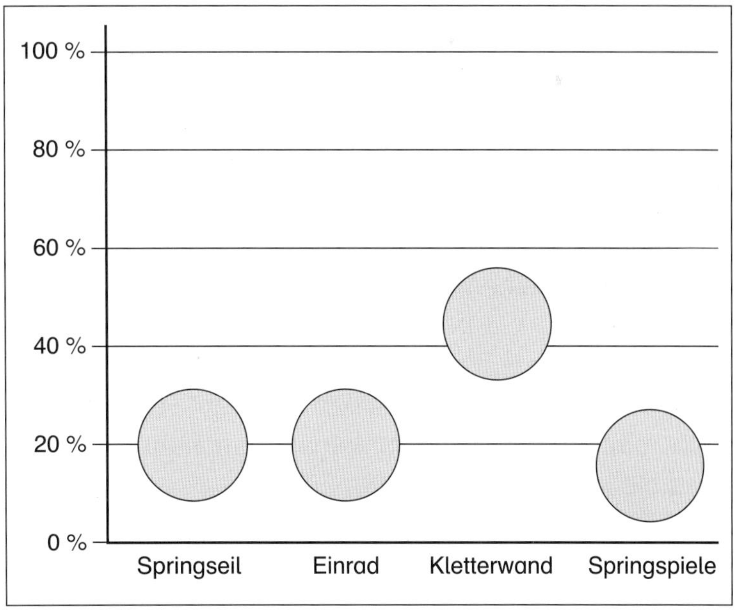

Lösungsvorschlag: Eine Kletterwand wird angeschafft.

Fazit 2: In gleichem Maße werden Springseile und Einräder gewünscht.

Lösungsvorschlag: Eine Kletterwand ist zu teuer und es sind bereits einige Springseile und Einräder vorhanden, diese werden nun zahlenmäßig aufgestockt.

Tipp: Bringen Sie Ihre Diagramme zur Veranschaulichung im Lehrerzimmer an, sodass jeder den Entscheidungsprozess verstehen und daran teilhaben kann!

Qualitative Verfahren

Bei Interviews und Fragebögen mit offenen Fragen kann nicht einfach „ausgezählt“ werden. Die folgenden Schritte zeigen eine mögliche Auswertung auf:

1. Schritt: Lesen, Reduzieren und Zusammenfassen: „Welche Aspekte gibt es?“

Am Anfang der Auswertung müssen alle Fragebögen bzw. die schriftlich festgehaltenen Interviews gelesen werden. Dabei wird Irrelevantes und Bedeutungsgleiches gestrichen. Wichtige Aspekte und neue Ideen werden gesammelt und aufgeschrieben.

Zur Arbeitsentlastung werden die Daten gleichmäßig auf das Evaluationsteam aufgeteilt.

2. Schritt: Zusammenfassen und Strukturieren – „Worin liegen unsere Probleme?“

Das Evaluationsteam trifft sich, um bedeutungsgleiche Aussagen abzugleichen und zusammenzufassen. Die nun übrig gebliebenen Aspekte werden in Kategorien zugeordnet, denen eine Überschrift gegeben werden kann.

3. Schritt: Verbinden und Interpretieren – „Wie wäre es besser?“

Im nächsten Schritt wird versucht, die Kategorien so gut es geht miteinander zu verbinden. Dies gelingt am besten, wenn jedes Teammitglied vorab einen Vorschlag überlegt, wie die Kategorien in einen Zusammenhang gebracht werden könnten. Darüber hinaus muss überlegt werden, wie die wahrgenommenen Probleme in Vorteile umgewandelt werden können. Was also müsste mit den Problemen geschehen, dass sie keine mehr wären?

Nun sollten Sie Ihre Ergebnisse den betroffenen Personen mitteilen. Gegebenenfalls könnten Sie einen Bericht erstellen, den man für weitere Evaluationen nutzen kann.

Tipp: In solch einem Bericht sollten Sie Ihre Ergebnisse kurz und knapp zusammenfassen. Der Bericht darf keine Konsequenzen und Maßnahmen vorwegnehmen, sondern dient als Beratungsgrundlage innerhalb einer Konferenz.

8. Schritt: Konsequenzen ziehen und Maßnahmen planen

Für die Planung des weiteren Umgangs mit den Ergebnissen der Evaluation sollte stets das ganze Kollegium mit einbezogen werden. Dies ermöglicht einerseits einen Blick aus mehreren Perspektiven, andererseits sind alle, die die Ergebnisse und Konsequenzen betreffen, am Prozess beteiligt. Dies erhöht die Identifikation mit neuen Maßstäben und erleichtert eine gemeinsame Umsetzung.

Bleibt am Ende des Auswertungsprozesses aus, Konsequenzen zu ziehen und weitere Maßnahmen zu planen, war die Evaluation umsonst und bewirkt keine Qualitätsentwicklung!

Anhand Ihrer Ergebnisse können sich gegebenenfalls weitere Bereiche ergeben, die sich für eine Evaluation anbieten würden. Dies zeigt, dass Evaluation kein einmaliges Vorgehen ist, sondern ein immer wiederkehrender Prozess.

Quantitative Ergebnisse analysieren und interpretieren – Beispiele

Eine Grundschule evaluiert den Bereich „Kooperation im Lehrerkollegium – Schwerpunkt: „Materialtausch in MeNuK[1]“. Als Evaluationsinstrument wurde das Interview gewählt:

1. Schritt: Lesen, Reduzieren und Zusammenfassen – „Welche Aspekte gibt es?“

Die teilnehmenden Lehrkräfte schreiben folgende Notizen:

Wichtige Aspekte werden zusammengetragen:

- chaotische Materialsammlung
- wenig Zeit zum Austausch mit Kollegen
- wenig Austausch
- Zusammenarbeit nur bei Projekten
- Material noch zugänglicher machen
- Einzelkämpfer
- kaum Einblick in andere Unterrichtsmethoden
- alle müssen sich dem „Hauptlehrer“ angliedern

2. Schritt: Zusammenfassen und Strukturieren – „Worin liegen unsere Probleme?“

Fragebogen – Inhalte

• gutes Klima • chaotische Materialsammlung • wenig Zeit zum Austausch mit Kollegen	• guter Materialtausch • angenehmes Klima • Zusammenarbeit nur bei Projekten	• Material noch zugänglicher machen • Einzelkämpfer • kaum Einblick in andere Unterrichtsmethoden	• jeder ist offen bzgl. des Materials • alle müssen sich dem „Hauptlehrer“ angliedern • gutes Klima

↓

chaotische Materialsammlung	wenig Austausch (Zeit, Hauptlehrer angliedern, nur bei Projekten)	wenig Einblick in andere Unterrichtsmethoden

[1] MeNuk = Fächerverbund Mensch, Natur und Kultur

3. Schritt: Verbinden und Interpretieren – „Wie wäre es besser?“

Methodenvielfalt

- durch eine bessere Materialsammlung
- durch Einblick in andere Unterrichtsmethoden

⇔

Zusammenarbeit

- durch Austausch

Interpretation:

Durch einen steten Austausch hätte man Einblick in andere Unterrichtsmethoden. Dies würde die Zusammenarbeit und die Methodenvielfalt steigern.

Die Materialsammlung sollte zugänglicher und übersichtlicher gestaltet werden!

4. Schritt: Konsequenzen ziehen – „Wie setzen wir es um?“

Austausch trotz wenig Zeit:

- Besprechungen besser planen:
  - Zeitmanager festlegen
  - Inhalte vorab festlegen
  - Tagesordnungspunkte stichwortartig vorformulieren
- Stehtische für MeNuK-Lehrer für kurze Besprechungen
- Internetplattform für MeNuK-Lehrer zur Ideensammlung

Einblick in andere Unterrichtsmethoden:

- „Methode des Monats“-Pinnwand
- Einmal im Monat „Tag des offenen Klassenzimmers“, bei dem alle Methoden des Tages veröffentlicht werden
- Mindmap für die Klassen (Erfahrungen etc.): Was funktioniert gut/weniger gut in Klasse 3? Welche Methode wird in Klasse 2 gerade geübt?

Übersichtlichere Materialsammlung:

- Bestandsaufnahme im Computer/in einem Ordner, nach verschiedenen Kategorien geordnet
- Besonders gelungenes Material mit Notizen kennzeichnen

1.8 Wie können die Ergebnisse veröffentlicht werden?

Es gibt verschiedene Möglichkeiten, die Ergebnisse einer Umfrage zu veröffentlichen. Zunächst sollte das Kollegium informiert werden, damit verhindert wird, dass die Kollegen von Seiten der Öffentlichkeit bzw. der Eltern mit unerwarteten Fragen konfrontiert werden.

Bei der **Gesamtlehrerkonferenz** werden die Ergebnisse innerhalb des Kollegiums bekannt gegeben.

Außerdem sollte es im Lehrerzimmer einen **Aushang** geben, der die besprochenen Ergebnisse und vereinbarten Maßnahmen zwar kurz und prägnant, aber dennoch vollständig präsentiert.

Als weiteren Schritt werden Schüler und Eltern informiert. Der Klassenlehrer teilt den Schülern die Ergebnisse mit und informiert die Eltern über einen **Flyer** (siehe Seite 17).

Zusätzlich kann ein **Präsentationsblatt** (siehe Seite 16) bzw. Plakat im Schulgebäude aufgehängt werden, das die Ergebnisse schülergerecht darstellt.

Im Zeitalter von Computern und Internet bietet es sich an, Informationen über die Fragebögen und deren Ergebnisse auch auf die **Schulhomepage** zu stellen, falls es eine solche gibt. Die Veröffentlichung über das Internet bietet den Vorteil, dass jeder – sowohl Eltern, Schüler und Kollegen als auch die Öffentlichkeit – auf die Ergebnisse zugreifen kann. Als weitere Möglichkeit, die Öffentlichkeit zu informieren, könnte ein **Zeitungsartikel** veröffentlicht werden.

Generell muss berücksichtigt werden, welche Ergebnisse für welchen Adressaten von Bedeutung sind. Manchmal kann es durchaus im Interesse des Kollegiums sein, nur bestimmte Ergebnisse zu veröffentlichen bzw. nur an vorab festgelegte Gruppen oder auf Anfrage zu veröffentlichen.

Bei einer **Veröffentlichung** dürfen Tatsachen weder verdreht noch in ein besseres Licht gerückt werden.

Wenn eine Evaluation beispielsweise ergeben hat, dass die Benotung von Aufsätzen je nach Lehrkraft stark variiert, ist es selbstverständlich nicht ratsam, dies den Eltern ohne weitere Erläuterungen weiterzugeben. Teilt man den Eltern jedoch mit, dass die Aufsatzbeurteilung im Sinne der Qualitätsverbesserung von nun an nach den folgenden neuen Schritten in allen Klassen vorgenommen wird, kann man die Eltern informieren, ohne ihnen die Ergebnisse vorenthalten zu müssen.

Waldschule
69427 Mudau-Schloßau

Ergebnisse der Umfrage zur Pausengestaltung

Liebe Schülerinnen und Schüler,

vor kurzem haben wir euch einen Fragebogen zur Pausengestaltung ausgeteilt. Fast alle Kinder haben mitgemacht!

Beim Auswerten der Bögen ist uns aufgefallen, dass ihr viele Wünsche habt. Leider können wir nicht alle Wünsche erfüllen.

Diese Dinge werden sich aber ändern:

- **Es wird in Zukunft mehr Fußballtore geben, da sich das viele von euch gewünscht haben.**
- **Außerdem werden wir die Zeichnungen am Boden erneuern, um eure Lust an den Hüpfspielen zu steigern.**

Danke für eure Mithilfe!

Waldschule
69427 Mudau-Schloßau

Ergebnisse der Umfrage „Gesunde Ernährung“

Liebe Eltern,

in den letzten Wochen haben wir eine Umfrage zum Thema „Gesunde Ernährung“ durchgeführt. Für Ihre Unterstützung möchten wir uns noch einmal recht herzlich bedanken.

Wir möchten Ihnen nun die Ergebnisse der Umfrage vorstellen:

Wann war die Befragung?	27.06–03.07.
Wer war beteiligt?	Schülerinnen und Schüler der Klassen 1–4
Anzahl der Beteiligten?	Es haben 98 % aller Schülerinnen und Schüler teilgenommen!

Die Befragung hat gezeigt, dass sich die meisten Kinder im Bereich „Gesunde Ernährung“ gut auskennen und viele Lebensmittel kennen, die eine gesunde Ernährung unterstützen. Um diesen Bereich an unserer Schule weiter zu fördern, möchten wir mit den Kindern regelmäßig, einmal im Monat, ein gesundes Frühstück in der Schule veranstalten.

Bei Rückfragen können Sie sich gerne an den Klassenlehrer oder die Klassenlehrerin Ihres Kindes wenden.

Mit freundlichen Grüßen
die Schulleitung

1.9 Der Weg der Selbstevaluation

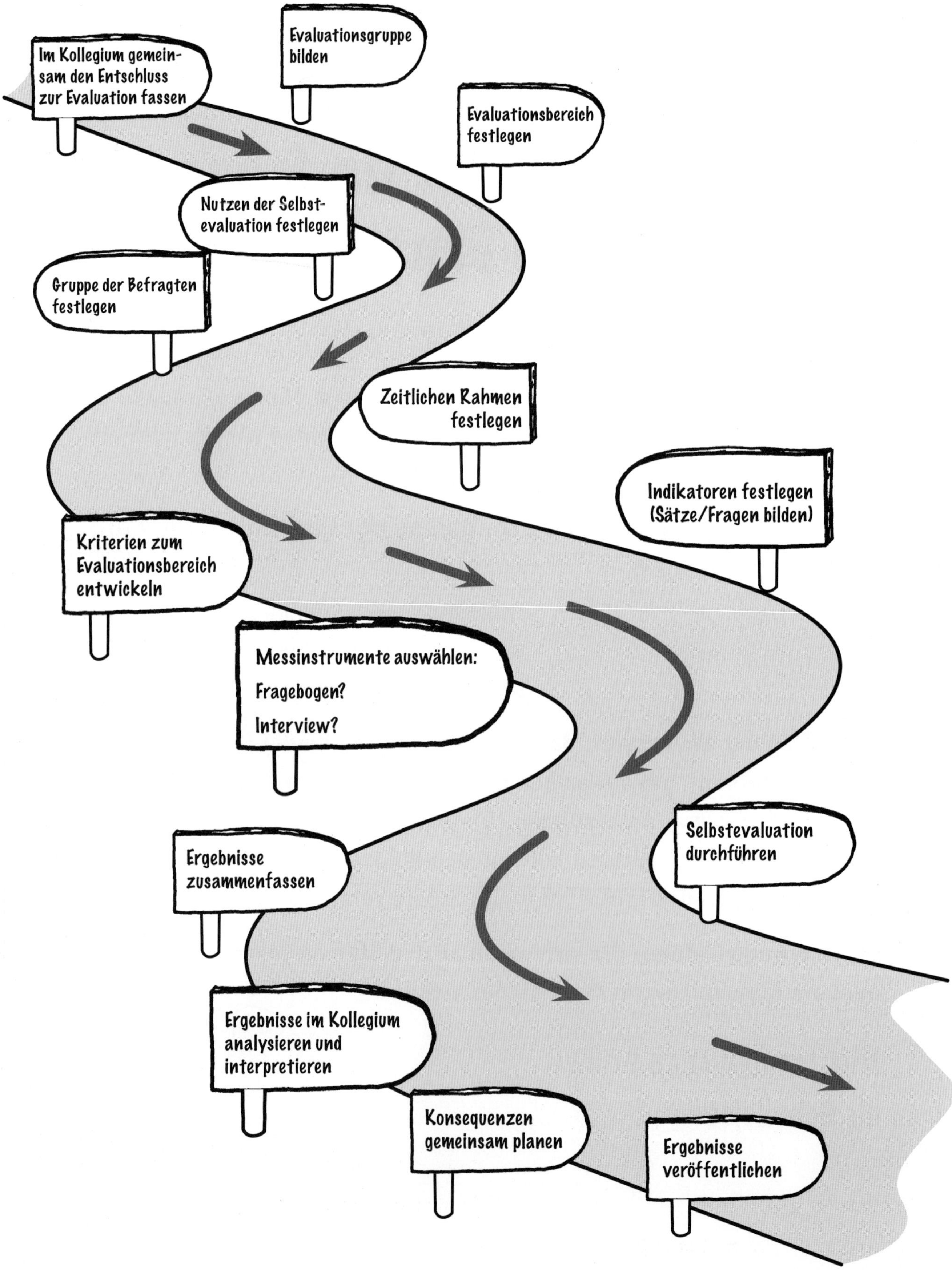

Checkliste Selbstevaluation

Datum: ____________________

Evaluationsteam: ____

Evaluationsbereich: ____

Nutzen:

☐ Entwicklung ☐ Rechenschaft ☐ Öffentlichkeit

☐ Kontrolle ☐ Erkenntnis ☐ Professionalisierung

Gruppe der Befragten:

☐ alle Schülerinnen/Schüler

☐ Schülerinnen/Schüler Kl. ____________

☐ alle Lehrerinnen/Lehrer

☐ Lehrerinnen/Lehrer Kl. ____________

☐ ____

☐ Schulleitung

☐ Schulpersonal

☐ Eltern

☐ Schulträger

☐ __________________

Zeitlicher Rahmen: ____

Aufgabe	**verantwortliche Person(en)**	**durchzuführen bis**	**erledigt am**	**Unterschrift**
Kriterien für Evulationsbereich entwickeln				
Indikatoren festlegen				
Instrumente entwickeln				
Fragebögen verteilen				
Fragebögen einsammeln				
Ergebnisse analysieren/ interpretieren				
Konferenz planen: Maßnahmen entwickeln				
Ergebnisse veröffentlichen				

Ergebnisse/Konsequenzen veröffentlichen für …

☐ Eltern ☐ Lehrerinnen/Lehrer

☐ Schülerinnen/Schüler ☐ Öffentlichkeit (Schulhomepage)

☐ Öffentlichkeit (lokale Zeitung)

2. Materialien

Die folgenden Materialien sind für Selbstevaluationen in Schulen entwickelt und können sofort eingesetzt werden.
Sollten Sie bei einigen Materialien kleine Veränderungen vornehmen wollen, so können Sie die entsprechenden Dateien auf der beiliegenden CD öffnen und bearbeiten.

Im Anschluss finden Sie drei **Interview**möglichkeiten mit entsprechenden Fragen und einem konkreten Interview-Beispiel. Die Interviews betreffen die folgenden Themenbereiche:

- Kooperation im Lehrerkollegium (S. 21ff)
- Kooperation mit aufnehmenden Institutionen (S. 26)
- Kooperation mit abgebenden Institutionen (S. 25)

Alle anderen Materialien sind **Fragebögen**, die mit teils qualitativen Fragen (Fragen mit frei zu formulierenden Antworten), teils quantitativen Fragen (Fragen, bei denen die Antwortmöglichkeiten vorgeben sind und angekreuzt werden müssen) arbeiten.
Auf jedem Fragebogen sind oben rechts und links jeweils **Symbole** vorhanden. Diese Symbole erleichtern Ihnen einen übersichtlichen Einsatz der Fragebögen.

Auf der linken Seite wird jeweils gekennzeichnet, an wen sich der Fragebogen richtet.

Lehrkräfte

Kinder Klasse 1/2

Eltern

Kinder Klasse 3/4

Rechts wird der **Themenbereich** festgehalten:

Kooperation (ab S. 21)

Elternbeteiligung (ab S. 29)

Schulbücherei (ab S. 40)

Gesundheitsförderung (ab S. 50)

Klassenklima (ab S. 60)

Pausengestaltung (ab S. 32)

Deutschunterricht (ab S. 65)

Mathematikunterricht (ab S. 71)

Schwimmunterricht (ab S. 58)

Arbeitsgemeinschaften (ab S. 46)

Auf S. 27 und S. 28 sind jeweils Anschreiben für Kolleginnen und Kollegen sowie Eltern verfasst, die jedem Fragebogen als Einleitungstext beigefügt werden können.

Um die Kooperation innerhalb des Lehrerkollegiums zu evaluieren, eignet sich ein Interview mit möglichst vielen Kolleginnen und Kollegen. Dadurch erhält man eine Vielzahl an interessanten Aspekten, die zeigen, ob ein generelles Interesse an Kooperationen besteht. Des Weiteren erhält man Anregungen, wie sich eine zukünftige Kooperation gestalten lässt.

Das **Interview** wurde hier gewählt, da es im Gegensatz zum Fragebogen viel **offener und flexibler** ist. Es lässt beispielsweise den Freiraum, bei unklaren Antworten (oder auch Fragen) genauer nachzuhaken.

Neben dem klassischen Interview, bei dem eine ausgewählte Person befragt wird, besteht auch die Möglichkeit eines **Gruppeninterviews**. Erfahrungsgemäß ist eine Gruppenstärke von drei bis fünf Personen ideal.

Vor- und gleichzeitig Nachteil eines Gruppeninterviews besteht darin, dass mehrere Personen vorhanden sind. Einerseits könnten die Beteiligten durch das Gespräch zu Aspekten geführt werden, die ihnen alleine in diesem Zusammenhang gar nicht eingefallen wären. Andererseits besteht die Gefahr, dass die einzelne Person sich durch die Gruppe in ihren eigenen Antworten beeinflusst sieht und sich aus dem Gespräch zurückzieht bzw. Antworten gibt, die ihr als angemessen erscheinen.

Während des Interviews sollten **Stichpunkte zu den Antworten** notiert werden. Eine Sprachaufnahme ist ebenfalls möglich, eignet sich aber nur bedingt. Einerseits könnte sie die Befragten zusätzlich unter Druck setzen, das vermeintlich „Richtige" zu sagen. Andererseits benötigt eine anschließende Verschriftlichung für die spätere Auswertung sehr viel Zeit.

Tipps für ein gelungenes Interview:

- Klären Sie anfangs Sinn und Zweck des Interviews.
- Versichern Sie Ihrem Gegenüber, dass das Interview anonym ist.
- Steigen Sie mit allgemeinen Fragen ein (Klima im Kollegium, eigene Motivation).
- Stellen Sie einfache und offene W-Fragen (Was, Wie, Weshalb-Fragen bieten viele Antwortmöglichkeiten und lassen sich nicht mit *Ja* oder *Nein* beantworten).
- Stellen Sie keine Suggestivfragen („*Sie sind doch sicher auch der Meinung …*").
- Reagieren Sie verständnisvoll auf alle Antworten.
- Haken Sie nach, wenn Ihnen etwas unklar erscheint oder eine Frage nur oberflächlich beantwortet wird.
- Reden Sie nicht viel – lassen Sie viel reden.

Allgemeine Fragen (Einstiegsfragen)

- Wie empfinden Sie das Klima im Lehrerkollegium?
- Welche Aspekte gehören für Sie zu einer Kooperation?
- Welche dieser Aspekte könnten in unserem Kollegium noch verstärkt werden?
- Was verstehen Sie unter Lehrerkooperation?
- Wie stellen Sie sich gelungene Lehrerkooperation vor?
- In welchen schulischen Bereichen halten Sie Lehrerkooperation für sinnvoll?

Konkrete Fragen zu stattfindenden Kooperationen

- Welche Zusammenarbeit gibt es klassenübergreifend?
- Wie empfinden Sie diese Zusammenarbeit?
- Welche Art der Kooperation empfänden Sie in diesem Bereich als hilfreich?
- Welche Faktoren würden die Zusammenarbeit noch verbessern?
- Welche Wünsche haben Sie an eine zukünftige Zusammenarbeit?
- Welche Zusammenarbeit gibt es fächerübergreifend?
- Wie empfinden sie diese Zusammenarbeit?
- Welche Art der Kooperation empfänden Sie in diesem Bereich als hilfreich?
- Welche Faktoren würden die Zusammenarbeit noch verbessern?
- Welche Wünsche haben Sie an eine zukünftige Zusammenarbeit?

Kooperation zur Optimierung des eigenen Unterrichts

- Wie bewerten Sie den Tausch von Unterrichtsmaterialien?
- Welche Faktoren würden diese Zusammenarbeit noch verbessern?
- Wie stellen Sie sich einen idealen Zugang zum Unterrichtsmaterial anderer vor?
- Was wissen Sie über die Unterrichtsgestaltung Ihrer Kollegen?
- Interessieren Sie sich für die Unterrichtsgestaltung Ihrer Kollegen?
- Empfänden Sie neue Ideen Ihrer Kollegen als bereichernd?
- Unter welchen Bedingungen könnte eine solche Zusammenarbeit stattfinden?
- Wie stellen Sie sich die Zusammenarbeit vor?
- Welche Wünsche haben Sie an eine zukünftige Zusammenarbeit?

Projektarbeit

- Wie werden Projekte geplant?
- Was kann an der Planung verbessert werden?
- Wie verläuft die Organisation von Projekten?
- Wie kann der Organisationsablauf verbessert werden?
- Wie werden Projekte durchgeführt?
- Was kann an der Durchführung verbessert werden?
- Welche Faktoren würden die Zusammenarbeit in Projekten noch verbessern?
- Was wäre für Sie eine gelungene Projektplanung?
- Welche Wünsche haben Sie an zukünftige Projekte?

Beispiel eines Interviews

In der Grundschule XY soll die Zusammenarbeit im Lehrerkollegium evaluiert werden.
Die evaluierende Lehrkraft führt dazu ein Interview mit einem Kollegen:

Interviewer: *Wie empfinden Sie das Klima im Lehrerkollegium?*

Befragter: Mit dem Klima innerhalb des Lehrerkollegiums kann man durchaus zufrieden sein!

nachhaken: (Frage wurde nicht umfassend beantwortet):

- *Welche Aspekte des Schulklimas stellen Sie zufrieden?*
- *Wünschen Sie sich ein besseres Klima im Lehrerkollegium?*
- *Kennen Sie andere Lehrerkollegien mit einem besserem Klima?*
- *Wenn ja, was ist dort besser?*

Interviewer: *Wie bewerten Sie den Tausch von Unterrichtsmaterial?*

Befragter: Wenn ich jemanden aus dem Kollegium frage, bekomme ich entsprechende Materialien.

Interviewer: *Welche Faktoren würden diese Zusammenarbeit noch verbessern?*

Befragter: Gute Ideen müssten niedergeschrieben werden und irgendwo sortiert aufbewahrt sein.

Interviewer: *Was wissen Sie über die Unterrichtsgestaltung Ihrer Kolleginnen und Kollegen?*

Befragter: Hier und da bekommt man etwas mit, ansonsten arbeitet jeder für sich.

nachhaken: (Fragen vertiefen):

- *Interessiert es Sie, wie andere ihren Unterricht gestalten?*
- *Möchten Sie mehr über die Unterrichtsgestaltung Ihrer Kolleginnen und Kollegen erfahren?*
- *Inwiefern wären Sie bereit, Ihre Kolleginnen und Kollegen an Ihrer Unterrichtsgestaltung teilhaben zu lassen?*

Interview: *Was würde eine zukünftige Zusammenarbeit verbessern?*

Befragter: Es müsste mehr über die Unterrichtsumsetzung gesprochen oder noch offener mit Material umgegangen werden.

nachhaken: Wie würde sich das realisieren lassen?

Interviewer: *Welche Wünsche haben Sie an eine zukünftige Zusammenarbeit?*

Befragter: Ich wünsche mir weiterhin Achtung vor der Individualität des Unterrichts. Trotzdem sollten neue Möglichkeiten der Zusammenarbeit geschaffen werden, um diese gewinnbringend ins Schulleben zu integrieren.

Kooperation mit aufnehmenden und abgebenden Institutionen

Die **Kooperation mit Kindergärten** oder weiterführenden Schulen erleichtert es zukünftigen Schülerinnen und Schülern, sich im jeweiligen Schulleben zurechtzufinden. Je besser dieser Übergang angebahnt wird, desto leichter fällt die Arbeit mit den neuen Schulkindern.

An der Kooperation mit dem Kindergarten sind normalerweise die kommenden Schulanfänger aus den Kindergärten sowie die ersten Klassen einer Grundschule beteiligt. Neben regelmäßigen (gegenseitigen) Besuchen haben sich Planungstreffen durch beteiligte Lehrkräfte und Erzieher bewährt, in denen Ablauf und Inhalte der Besuche besprochen werden. Die Planung sollte die Ideen beider Institutionen berücksichtigen, um die Umfelder optimal zu verknüpfen.

Kooperationen mit weiterführenden Schulen betreffen Schulkinder der vierten Klasse. Um einen problemlosen Übergang zu schaffen, sollten sich die Lehrpersonen über die Voraussetzungen und Bedürfnisse beider Schulen austauschen, um die Schülerinnen und Schüler optimal auf die neue Schulform vorzubereiten. Eine Möglichkeit besteht auch hier in der Organisation von „Schnuppertagen“, die den Kindern helfen, die neue Schule kennenzulernen.

Als Evaluationsinstrument wird auch hier das Interview vorgeschlagen. Die Fragen können aber genauso gut innerhalb eines Fragebogens verwendet werden, den man den entsprechenden Personen innerhalb der aufnehmenden und abgebenden Institutionen zukommen lassen kann.

Tipps für ein gelungenes Interview:

- Klären Sie anfangs Sinn und Zweck des Interviews.
- Versichern Sie Ihrem Gegenüber, dass das Interview anonym ist.
- Steigen Sie mit allgemeinen Fragen ein (Klima im Kollegium, eigene Motivation).
- Stellen Sie einfache und offene W-Fragen (Was, Wie, Weshalb-Fragen bieten viele Antwortmöglichkeiten und lassen sich nicht mit *Ja* oder *Nein* beantworten).
- Stellen Sie keine Suggestivfragen („*Sie sind doch sicher auch der Meinung* …“).
- Reagieren Sie verständnisvoll auf alle Antworten.
- Haken Sie nach, wenn Ihnen etwas unklar erscheint oder eine Frage nur oberflächlich beantwortet wird.
- Reden Sie nicht viel – lassen Sie viel reden.

Mögliche Fragen im Interview mit dem kooperierenden Kindergarten

- Wie empfinden Sie das Klima im Lehrerkollegium?
- Welche Zusammenarbeit von Kindergarten und Schule gibt es derzeit?
- Wie empfinden Sie diese Zusammenarbeit?
- Welche inhaltlichen Vorstellungen der Schulbesuche haben Sie?
- Wie werden Projekte geplant?
- Wie stellen Sie sich eine ideale Planung vor?
- Welche Faktoren könnten die Zusammenarbeit noch verbessern?
- Welche Wünsche haben Sie an die künftige Zusammenarbeit?

Mögliche Fragen im Interview mit den an der Kooperation beteiligten Lehrkräften

- Welche Zusammenarbeit von Kindergarten und Schule gibt es derzeit?
- Wie empfinden Sie die Zusammenarbeit zwischen Schule und Kindergarten?
- Welche inhaltlichen Vorstellungen haben Sie?
- Inwiefern sind Sie bereit, die inhaltlichen Ideen der Erzieher in die Planung mit einfließen zu lassen?
- Wie stellen Sie sich eine ideale Planung vor?
- Welche Unterstützung wünschen Sie sich dabei von den Erziehern des Kindergartens?
- Welche Faktoren könnten die Zusammenarbeit noch verbessern?
- Welche Wünsche haben Sie an die künftige Zusammenarbeit?

Mögliche Fragen im Interview mit der kooperierenden weiterführenden Schule

- Welche Zusammenarbeit zwischen der Grundschule und der weiterführenden Schule gibt es derzeit?
- Wie empfinden Sie diese Zusammenarbeit?
- Welche inhaltlichen Vorstellungen zu Schulbesuchen haben Sie?
- Welche gemeinsamen Projekte gibt es?
- Welche Unterstützung wünschen Sie sich dabei von den Lehrern der Grundschule?
- Welche Faktoren könnten die Zusammenarbeit noch verbessern?
- Welche Wünsche haben Sie an die künftige Zusammenarbeit?

Mögliche Fragen im Interview mit den an der Kooperation beteiligten Lehrkräften

- Welche Zusammenarbeit zwischen der Grundschule und der weiterführenden Schule gibt es derzeit?
- Wie empfinden Sie diese Zusammenarbeit?
- Welche inhaltlichen Vorstellungen zu Schulbesuchen haben Sie?
- Welche gemeinsamen Projekte gibt es?
- Welche Faktoren könnten die Zusammenarbeit noch verbessern?
- Welche Unterstützung wünschen Sie sich dabei von Lehrern der weiterführenden Schule?
- Welche Faktoren könnten die Zusammenarbeit noch verbessern?
- Welche Wünsche haben Sie an die künftige Zusammenarbeit?

Liebe Kolleginnen und liebe Kollegen,

zunächst möchten wir uns für Ihre/Eure Bereitschaft bedanken, diesen Fragebogen auszufüllen. Die Bearbeitung wird einige Minuten in Anspruch nehmen.

Wir bitten Sie/Euch, daran zu denken, dass die Befragung der Weiterentwicklung unserer Schule dient. Dafür ist es wichtig, dass alle Antworten vollständig ausgefüllt und, wenn erforderlich, auch erläutert werden. Dieser Fragebogen soll nicht nur mögliche Probleme aufdecken, sondern insbesondere die Möglichkeit bieten, Rückmeldung an die Schule bzw. Schulleitung zu geben.

Bitte halten Sie sich/Ihr Euch an die vorgegebenen Antwortmöglichkeiten des Fragebogens.

Vielen Dank für Ihre/Eure Mitarbeit!

Liebe Kolleginnen und liebe Kollegen,

zunächst möchten wir uns für Ihre/Eure Bereitschaft bedanken, diesen Fragebogen auszufüllen. Die Bearbeitung wird einige Minuten in Anspruch nehmen.

Wir bitten Sie/Euch, daran zu denken, dass die Befragung der Weiterentwicklung unserer Schule dient. Dafür ist es wichtig, dass alle Antworten vollständig ausgefüllt und, wenn erforderlich, auch erläutert werden. Dieser Fragebogen soll nicht nur mögliche Probleme aufdecken, sondern insbesondere die Möglichkeit bieten, Rückmeldung an die Schule bzw. Schulleitung zu geben.

Bitte halten Sie sich/Ihr Euch an die vorgegebenen Antwortmöglichkeiten des Fragebogens.

Vielen Dank für Ihre/Eure Mitarbeit!

Liebe Eltern,

unsere Schule ist daran interessiert, sich ständig weiterzuentwickeln und zu verbessern. Deshalb möchten wir Einschätzungen aller am Schulalltag Beteiligten kennenlernen. Ihre Meinung und die Meinung Ihres Kindes sind uns sehr wichtig.

Der Schülerfragebogen wurde speziell für Ihr Kind entwickelt und soll selbstständig von ihm ausgefüllt werden. Wir möchten Sie bitten, lediglich zur Unterstützung beim Ausfüllen mitzuwirken.

Die Befragung wird einige Minuten in Anspruch nehmen und ist selbstverständlich anonym. Bitte geben Sie Ihrem Kind die Möglichkeit, die Fragen in Ruhe zu bearbeiten.

Für Ihre Mitarbeit bedanken wir uns recht herzlich!

✂--

Liebe Eltern,

unsere Schule ist daran interessiert, sich ständig weiterzuentwickeln und zu verbessern. Deshalb möchten wir Einschätzungen aller am Schulalltag Beteiligten kennenlernen. Ihre Meinung und die Meinung Ihres Kindes sind uns sehr wichtig.

Der Schülerfragebogen wurde speziell für Ihr Kind entwickelt und soll selbstständig von ihm ausgefüllt werden. Wir möchten Sie bitten, lediglich zur Unterstützung beim Ausfüllen mitzuwirken.

Die Befragung wird einige Minuten in Anspruch nehmen und ist selbstverständlich anonym. Bitte geben Sie Ihrem Kind die Möglichkeit, die Fragen in Ruhe zu bearbeiten.

Für Ihre Mitarbeit bedanken wir uns recht herzlich!

Liebe Eltern,

unsere Schule ist daran interessiert, sich ständig weiterzuentwickeln und zu verbessern. Deshalb ist es uns wichtig, die Meinung zu unserer Schule von allen am Schulleben Beteiligten, also auch von Ihnen, kennenzulernen.

Bitte nehmen Sie sich die Zeit, diesen Fragebogen in Ruhe auszufüllen.

Selbstverständlich ist er anonym und wird nicht in der Klasse eingesammelt.

Ihr Kind kann ihn in eine Kiste am Lehrerzimmer einwerfen.

Die Ergebnisse der Umfrage und die daraus gewonnenen Veränderungsvorhaben werden wir Ihnen selbstverständlich mitteilen.

Für Ihre Mitarbeit bedanken wir uns schon jetzt recht herzlich!

---

1. Fühlen Sie sich als Eltern über das Schulleben gut informiert?

   Ich fühle mich …

   sehr gut informiert ☺ ☺ ☺ ☹ *sehr schlecht informiert*

2. Über welche Bereiche in der Schule würden Sie gerne mehr erfahren?

   ☐ Ich würde gerne mehr erfahren über …

   ____

   ____

   ____

   ____

   ☐ Ich fühle mich ausreichend informiert.

3. Würden Sie sich einen regelmäßigen Informationsbrief wünschen?

   ☐ Ja ☐ Nein

4. Würden Sie gerne stärker in das Schulleben eingebunden werden?

   ☐ Ja, ich würde gerne mehr am Schulleben teilnehmen.

   ☐ Nein, danke.

5. Könnten Sie sich vorstellen, am Schulleben intensiver teilzunehmen?
Bitte kreuzen Sie an, welche Tätigkeit Sie der Schule anbieten könnten:

☐ regelmäßiges Vorlesen in Vorlesestunden

☐ einmaliges Vorlesen in Vorlesestunden

☐ Unterstützung der Lehrkräfte bei Projekten (z. B. Teilnahme am Weihnachtsprojekt)

☐ Anbieten einer Arbeitsgemeinschaft (AG) mit dem Inhalt:

☐ aktive Unterstützung bei Festen und Feiern

☐ Ich könnte mir vorstellen, Folgendes zu tun:

☐ Leider kann ich die Schule nicht unterstützen.

6. Haben Sie Anregungen, wie Eltern intensiver in das Schulleben eingebunden werden könnten oder vielleicht auch sollten?

7. Bitte denken Sie nun an die Klasse Ihres Kindes.
Fühlen Sie sich durch die Klassenlehrerin/den Klassenlehrer genügend über die Vorhaben der Klasse und das, was auf die Kinder im Schuljahr zukommt, informiert?

☐ Ja, ich werde ausreichend informiert.

☐ Nein, ich würde mir mehr Informationen wünschen, insbesondere im Bereich:

8. Wissen Sie, wie die Noten Ihrer Kinder zustande kommen?

   ☐ Ja, ich weiß, wie die Bewertung zustande kommt.

   ☐ Ich weiß nur in manchen Fächern, wie die Noten entstehen,

   z. B. in ______________________________.

   ☐ Leider habe ich keine Ahnung, wie sich die Noten zusammensetzen.

   ☐ Ich wüsste gerne, wie sich die Note in diesem Fach zusammensetzt:

   ____

9. Fühlen Sie sich vom Klassenlehrer/von der Klassenlehrerin ausreichend über Ihr Kind und seine schulischen Leistungen informiert?

   ☐ Ja, ich bin immer gut informiert.

   ☐ Nein, ich fühle mich nicht besonders gut informiert. Ich würde mir wünschen,

   ____

   ____

   ____

10. Nehmen Sie an Elternabenden und Elternsprechtagen teil?

    ☐ Ja, regelmäßig. ☐ Ja, aber selten. ☐ Nein, nie.

11. Über weitere Anregungen freuen wir uns:

    ____

    ____

    ____

    ____

    ____

    ____

    ____

    ____

    ____

    ____

Vielen Dank für Ihre Mithilfe!

Die große Pause und ich

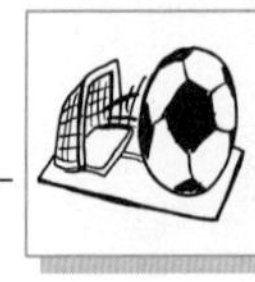

Liebe Schülerin, lieber Schüler,

wir würden gerne einige Dinge über die große Pause herausfinden.

Deshalb stellen wir dir Fragen.

Schreibe bitte **nicht** deinen Namen auf das Blatt.

Bitte fülle alles ganz genau aus.

Vielen Dank für deine Mithilfe!

Ich gehe in die _____ Klasse. Ich bin ein  

Spielen

① Kreuze die Dinge an, mit denen du in der Pause spielst.

☐  ☐  ☐  ☐ 

☐  ☐ 

☐  ☐ 

☐  ☐  ☐  ☐ 

☐ ☐

② Welche Spielgeräte würdest du dir für die Pause wünschen?

③ Bitte male dich in einer normalen großen Pause.

④ Gibt es in der Schule eine Bücherei? ☐ Ja ☐ Nein

Wenn ja: Darf man in der großen Pause in die Bücherei?

☐ Ja, immer. ☐ Nur an bestimmten Tagen. ☐ Nein.

Essen

⑤ Macht ihr eine gemeinsame Frühstückspause in der Klasse?

☐ Ja ☐ Nein

⑥ Was isst du in der großen Pause?

⑦ Kann man in der Pause etwas zu essen und trinken kaufen?

☐ Ja ☐ Nein

Wenn ja: Wie oft kaufst du dort etwas?

☐ einmal in der Woche
☐ zweimal oder dreimal in der Woche
☐ (fast) jeden Tag
☐ nie

⑧ Wie gefällt dir das, was es dort zu kaufen gibt?

⑨ Würdest du gerne etwas kaufen, das es dort nicht gibt?

☐ Nein

☐ Ja:

Regeln in der Pause

⑩ Gibt es Regeln für die Pause, die für alle Kinder gelten?

☐ Ja ☐ Nein

⑪ Bitte schreibe die Regeln für die Pause auf:

Vielen Dank!

Du hast es geschafft!

Die große Pause und ich

Liebe Schülerin, lieber Schüler,

wir würden gerne einige Dinge über die große Pause herausfinden.

Deshalb stellen wir dir Fragen.

Schreibe bitte **nicht** deinen Namen auf das Blatt.

Bitte fülle alles ganz genau aus.

Vielen Dank für deine Mithilfe!

Ich gehe in die _____ Klasse. Ich bin ein  

Spielen

① Kreuze die Dinge an, mit denen du in der Pause spielst.

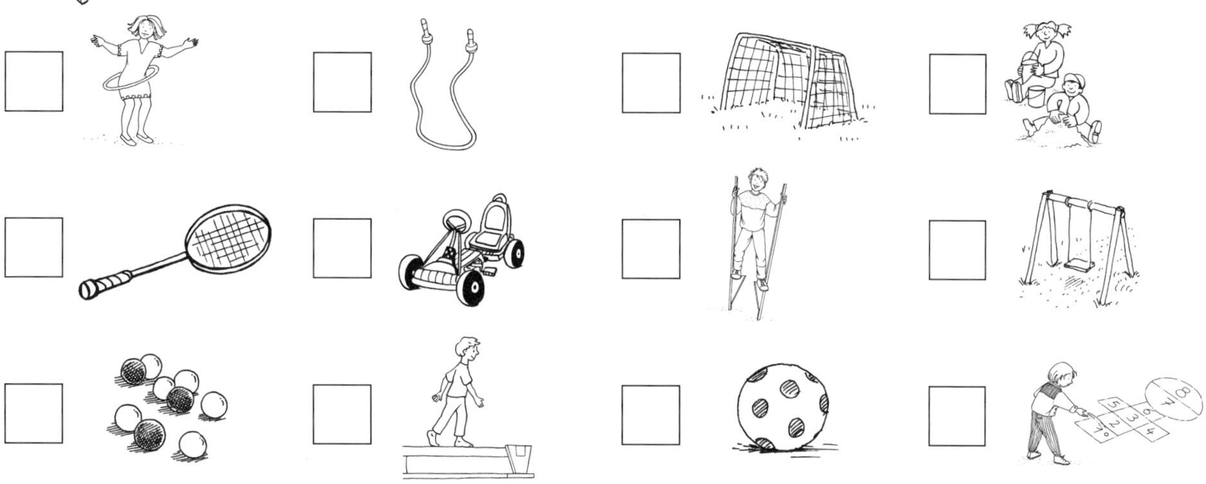

☐ ____________ ☐ ____________

② Mit was spielst du am liebsten in der Pause?

____

③ Welche Spielgeräte würdest du dir für die Pause wünschen?

____

④ Bitte male dich in einer normalen großen Pause.

⑤ Gibt es in der Schule eine Bücherei? ☐ Ja ☐ Nein

Wenn ja: Darf man in der großen Pause in die Bücherei?

☐ Ja, immer. ☐ Nur an bestimmten Tagen. ☐ Nein.

Essen

⑥ Macht ihr eine gemeinsame Frühstückspause in der Klasse?

☐ Ja ☐ Nein

⑦ Was isst du in der großen Pause?

____

⑧ Kann man in der Pause etwas zu essen und trinken kaufen?

☐ Ja ☐ Nein

Wenn ja: Wie oft kaufst du dort etwas?

☐ einmal in der Woche
☐ zweimal oder dreimal in der Woche
☐ (fast) jeden Tag
☐ nie

⑨ Wie gefällt dir das, was es dort zu kaufen gibt?

⑩ Würdest du gerne etwas kaufen, das es dort nicht gibt?

☐ Nein

☐ Ja: ______________________________

Regeln in der Pause

⑪ Gibt es Regeln für die Pause, die für alle Kinder gelten?

☐ Ja ☐ Nein

⑫ Bitte schreibe die Regeln für die Pause auf:

____

____

____

____

____

⑬ Sollte es noch weitere Regeln geben? ☐ Ja ☐ Nein

Wenn ja, dann schreibe sie bitte auf.

____

____

____

Vielen Dank!

Du hast es geschafft!

Liebe Kolleginnen und liebe Kollegen,

zunächst möchten wir uns für Ihre/Eure Bereitschaft bedanken, diesen Fragebogen auszufüllen. Dieser Fragebogen befasst sich mit dem Thema ***Pausengestaltung*** und ist selbstverständlich anonym.

Vielen Dank für Ihre/Eure Mitarbeit!

Das Evaluationsteam

Ich bin ☐ nur an dieser Schule beschäftigt.

☐ an dieser Schule und an einer anderen Schule beschäftigt.

SPIELEN/BEWEGEN

1. Bietet die Schule Ihrer/Eurer Meinung nach genug Platz für Aktivitäten der Schülerinnen und Schüler in der großen Pause bzw. Hofpause?

   ☐ Ja, immer. ☐ Ja, bei gutem Wetter. ☐ Nein.

2. Was sollte bei der Pausengestaltung verändert werden? (bspw. Aktivitäten, Spielgeräte, Pausenhof etc.)

   ____

   ____

   ____

3. Was machen die meisten Kinder, nach Ihrer/Eurer Erfahrung in der großen Pause?

   ____

   ____

4. Wie hoch schätzen Sie/schätzt du das Verletzungsrisiko während der großen Pause bzw. Hofpause ein? *(Bitte einkreisen)*

5. Wo besteht in der Schule und auf dem Hof das größte Verletzungsrisiko?

   ____

ESSEN

6. Machen Sie/machst du mit Ihrer/deiner Klasse vor der großen Pause eine gemeinsame Frühstückspause?

   ☐ Ja ☐ Nein Klassenstufe: ____________

7. Wäre es aus deiner/Ihrer Sicht wichtig, für die ganze Schule eine gemeinsame Frühstückspause vor der Bewegungsphase einzuführen?

   ☐ Ja ☐ Nein Nur für diese Klassenstufen: ____________

8. Sollte das Angebot an Essen und Trinken, das verkauft wird, verändert werden?

   ☐ Ja ☐ Nein

   Wenn ja, wie?

   ____

REGELN

9. Gibt es allgemeine Regeln für die Pausen, die mit den Kindern erarbeitet wurden?

   ____

10. Werden die Pausenregeln regelmäßig mit den Kindern besprochen?

    ____

11. Sind die Maßnahmen, die bei Regelverstößen durchgeführt werden, angemessen? Sollte daran etwas geändert werden?

    ____

    ____

12. Haben Sie sich/Hast du dich jemals im weiten Rahmen der „Pausengestaltung“ informiert bzw. sind Sie/bist du bereit zur Mitgestaltung?

    ☐ Teilnahme an Fortbildung zur „bewegten Schule“.

    ☐ Teilnahme an Fortbildung zur „bewegten Pause“ .

    ☐ Teilnahme an Fortbildung ______________________________.

    ☐ Keine Teilnahme, aber ich interessiere mich dafür.

    ☐ Keine Teilnahme, ich interessiere mich nicht dafür.

    ☐ Ich würde mich gerne stärker bei der Pausengestaltung engagieren.

Vielen Dank für Ihre/Eure Mitarbeit!

Die große Schulbücherei und ich

Ich gehe in die _____ Klasse. Ich bin ein 

① Ich lese … 

② Welche Art von Büchern liest du am liebsten?

- ☐ Märchen
- ☐ Bilderbücher
- ☐ Sachbücher (Tiere, Technik, Natur, …)
- ☐ Bücher mit Geschichten
- ☐ ________________________

③ Wie heißt das Buch, das du zuletzt gelesen hast?

____

Bitte denke nun an die Bücherei in deiner Schule.

④ Hast du schon einmal ein Buch aus der Bücherei ausgeliehen?

☐ Ja ☺ ☐ Nein ☹

⑤ Wer hat dir erklärt, wie die Bücherei funktioniert?

☐ deine Eltern ☐ deine Lehrerinnen/Lehrer

☐ andere Kinder ☐ niemand

⑥ Findest du dich in der Schulbücherei leicht zurecht?

☐ Ja ☺ ☐ Nein ☹

⑦ Wann hat die Bücherei in der Schule geöffnet?

⑧ Würdest du dir öfter ein Buch ausleihen, wenn die Bücherei zu anderen Zeiten geöffnet hätte?

☐ Ja ☐ Nein

⑨ Gibt es Bücher, die in der Schulbücherei noch fehlen?

☐ Ja ☐ Nein

Welche Bücher sind das?

⑩ Was gefällt dir gut an der Bücherei?

⑪ Was gefällt dir nicht so gut?

Vielen Dank!

Die große Schulbücherei und ich

Ich gehe in die _____ Klasse. Ich bin ein 

① Ich lese … 

② Welche Art von Büchern liest du am liebsten?

- ☐ Märchen
- ☐ Bilderbücher
- ☐ Sachbücher (Tiere, Technik, Natur, …)
- ☐ Bücher mit Geschichten
- ☐ ______________________________

③ Welches Buch hast du zuletzt gelesen (Titel und Autor)?

____

____

Bitte denke nun an die Bücherei in deiner Schule.

④ Hast du schon einmal ein Buch aus der Bücherei ausgeliehen?

☐ Ja ☺ ☐ Nein ☹

⑤ Wer hat dir erklärt, wie die Bücherei funktioniert?

☐ deine Eltern ☐ deine Lehrerinnen/Lehrer

☐ andere Kinder ☐ niemand

⑥ Findest du dich in der Schulbücherei leicht zurecht?

☐ Ja ☺ ☐ Nein ☹

Die große Schulbücherei und ich

⑦ Wann hat die Bücherei in der Schule geöffnet?

____

⑧ Würdest du dir öfter ein Buch ausleihen, wenn die Bücherei zu anderen Zeiten geöffnet hätte?

☐ Ja ☺ ☐ Nein ☹

⑨ Gibt es Bücher, die in der Schulbücherei noch fehlen?

☐ Ja ☺ ☐ Nein ☹

Welche Bücher sind das?

____

____

____

⑩ Was gefällt dir gut an der Bücherei?

____

____

____

____

⑪ Was gefällt dir nicht so gut?

____

____

____

____

Vielen Dank!

Du hast es geschafft!

Die Schulbücherei – Betreuende Personen

1. Wie lange arbeiten bzw. helfen Sie schon in der Bibliothek?

____

2. Bitte schätzen Sie: Wie viele Schülerinnen und Schüler besuchen innerhalb einer Woche die Bibliothek?

   ca. ____

3. Welche Themenbereiche/Medien werden von den Kindern besonders gerne genutzt?

____

____

4. In welchen Bereichen sollte die Bibliothek noch besser ausgestattet werden?

____

____

5. Wie oft haben Sie die Möglichkeit, neue Medien anzuschaffen?

____

____

____

6. Was würden Sie sich für die Bibliothek wünschen?

____

____

____

Vielen Dank für Ihre Mitarbeit!

Die Schulbücherei – Kollegen

1. Wie oft waren Sie/warst du schon in der Schulbücherei?

   ☐ sehr oft ☐ oft ☐ selten ☐ noch nie

2. Nutzen Sie/nutzt du die Bibliothek im Rahmen des Unterrichts?

   ☐ sehr oft ☐ oft ☐ selten ☐ nie

3. Haben Sie sich/hast du dir schon einmal Bücher für den Unterricht bzw. zur Vorbereitung des Unterrichts ausgeliehen? Wenn ja, in welchem Bereich?

   ____

   ____

4. Haben Sie sich/hast du dir schon einmal in einem anderen Zusammenhang Bücher ausgeliehen? Wenn ja, in welchem?

   ____

   ____

5. In welchem Bereich ist die Bücherei aus Ihrer Sicht/deiner Sicht besonders gut ausgestattet?

   ____

6. In welchem Bereich ist die Bücherei am schwächsten ausgestattet?

   ____

7. In welchen Bereichen sollte die Bibliothek noch besser ausgestattet werden?

   ____

   ____

8. Was würden Sie sich/würdest du dir für die Bibliothek wünschen?

   ____

   ____

   ____

Vielen Dank für Ihre/deine Mitarbeit!

AGs und ich

Ich gehe in die ____ Klasse. Ich bin ein 

① An unserer Schule gibt es AGs. ☐ Ja ☐ Nein

② Diese AGs kenne ich:

③ Machst du in einer AG mit? ☐ Ja ☐ Nein

④ Warum machst du mit? Oder warum machst du nicht mit?

⑤ Wie gut gefällt dir deine AG? 

⑥ Gibt es etwas, das man in den AGs anders machen sollte?

⑦ Welche AG würdest du dir wünschen?

Vielen Dank!

AGs und ich

Ich gehe in die ____ Klasse. Ich bin ein 

① An unserer Schule gibt es AGs. ☐ Ja ☐ Nein

② Diese AGs kenne ich:

___

___

___

③ Machst du in einer AG mit? ☐ Ja ☐ Nein

④ Warum machst du mit? Oder warum machst du nicht mit?

___

___

___

⑤ Wie gut gefällt dir deine AG? 

⑥ Was gefällt dir besonders gut in deiner AG?

___

___

⑦ Was gefällt dir nicht so gut in deiner AG?

___

___

___

AGs und ich

⑧ Gibt es etwas, das man anders machen sollte in den AGs?

⑨ Gibt es einen Unterschied zwischen AG und normalem Unterricht?

Wenn ja, dann beschreibe bitte den Unterschied!

⑩ Welche AG würdest du dir wünschen?

Du hast es geschafft!

Vielen Dank!

Arbeitsgemeinschaften

1. An unserer Schule gibt es eine ausreichende Anzahl von AGs.

   ☐ Ja. ☐ Nein. ☐ Ich weiß es nicht.

2. Ich biete selbst eine AG an: ☐ Ja. ☐ Nein.

   Meine AG ist gut besucht: ☐ Ja. ☐ Nein.

   (So viele Kinder nehmen teil: ___________)

3. Woran liegt Ihrer/deiner Meinung nach die hohe/niedrige Beteiligung?

   ____

   ____

   ____

4. Was ist das Besondere an Ihrer/deiner AG?

   ____

   ____

   ____

5. Was sollten wir an unserem AG-Konzept verändern?

   ____

   ____

   ____

6. Fehlt bei unseren AGs ein bestimmter Themenbereich (unabhängig von eigenen Möglichkeiten, diesen anzubieten)?

   ____

   ____

   ____

7. Würden Sie/Würdest du im nächsten Schuljahr gerne eine AG anbieten? Wenn ja, welche?

   ____

   ____

   ____

Vielen Dank für Ihre/deine Mitarbeit!

Liebe Schülerin, lieber Schüler,

wir würden gerne einige Dinge über die Gesundheit unserer Schulkinder herausfinden. Deshalb stellen wir dir Fragen.

Schreibe bitte **nicht** deinen Namen auf das Blatt.

Bitte fülle alles ganz genau aus.

Vielen Dank für deine Mithilfe!

Ich gehe in die _____ Klasse. Ich bin ein  

Essen

① Schreibe auf, was „gesundes Essen“ bedeutet.

② Was isst du meistens in der Schule?

③ Habt ihr im Unterricht über gesundes Essen gesprochen?

☐ Ja ☐ Nein

④ Macht deine Klasse manchmal gemeinsam ein gesundes Frühstück?

☐ Ja ☐ Nein

Streit

⑤ Gibt es in deiner Klasse oft Streit? ☐ Ja ☐ Nein

⑥ Wie wird der Streit meistens gelöst?

⑦ Warum wird bei euch gestritten?

⑧ Redet ihr im Unterricht darüber, wie man einen Streit vermeiden kann?

☐ Ja ☐ Nein

⑨ Hast du einen Vorschlag, wie man Streit vermeiden kann?
Oder wie man Streit lösen könnte?

Entspannung und Bewegung

⑩ Wie oft macht ihr Entspannungsübungen im Unterricht?

☐ jeden Tag ☐ häufig/oft ☐ selten ☐ nie

⑪ Welche Entspannungsübungen macht ihr?

⑫ Wie oft macht ihr Bewegungsübungen im Klassenzimmer?

☐ jeden Tag ☐ häufig/oft ☐ selten ☐ nie

⑬ Welche Bewegungsübungen macht ihr?

Du hast es geschafft!

Vielen Dank!

Liebe Schülerin, lieber Schüler,

wir würden gerne einige Dinge über die Gesundheit unserer Schulkinder herausfinden. Deshalb stellen wir dir Fragen.

Schreibe bitte **nicht** deinen Namen auf das Blatt.

Bitte fülle alles ganz genau aus.

Vielen Dank für deine Mithilfe!

Ich gehe in die ____ Klasse. Ich bin ein  

Essen

① Schreibe auf, was „gesundes Essen“ für dich bedeutet.

____

____

____

② Was isst du meistens in der Schule?

____

③ Habt ihr im Unterricht über gesundes Essen gesprochen?

☐ Ja ☐ Nein

④ Macht deine Klasse manchmal gemeinsam ein gesundes Frühstück?

☐ Ja ☐ Nein

Wenn ja, wie oft? ____________________

Streit

⑤ Gibt es in deiner Klasse oft Streit? ☐ Ja ☐ Nein

⑥ Warum wird bei euch gestritten?

⑦ Wie wird der Streit meistens gelöst?

⑧ Redet ihr im Unterricht über Streit und darüber, wie man einen Streit vermeiden kann?

☐ Ja ☐ Nein

⑨ Hast du einen Vorschlag, wie man Streit vermeiden kann oder wie man Streit lösen könnte?

Entspannung und Bewegung

⑩ Wie oft macht ihr Entspannungsübungen im Unterricht?

☐ jeden Tag ☐ häufig/oft ☐ selten ☐ nie

⑪ Welche Entspannungsübungen macht ihr?

____

____

____

⑫ Wie oft macht ihr Bewegungsübungen im Klassenzimmer?

☐ jeden Tag ☐ häufig/oft ☐ selten ☐ nie

⑬ Welche Bewegungsübungen macht ihr?

____

____

____

____

____

Du hast es geschafft!

Vielen Dank!

Gesundheitsförderung

Liebe Kolleginnen und liebe Kollegen,

zunächst möchten wir uns für Ihre/Eure Bereitschaft bedanken, diesen Fragebogen auszufüllen. Dieser Fragebogen befasst sich mit dem Thema ***Gesundheitsförderung*** und ist selbstverständlich anonym.

Vielen Dank für Ihre/Eure Mitarbeit!

Das Evaluationsteam

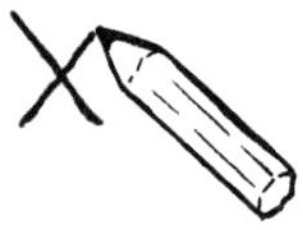

Ich bin ☐ nur an dieser Schule beschäftigt.

☐ an dieser Schule und an einer anderen Schule beschäftigt.

1. Ist Gesundheitsförderung Teil Ihres/deines Unterrichts?

   ☐ Nein ☐ Ja

2. Sollte Gesundheitsförderung Teil des allgemeinen Unterrichts sein?

   ☐ Nein, es sollte nur in bestimmten Fächern thematisiert werden.

   ☐ Ja, es ist notwendig, dass alle Fächer es thematisieren.

3. Wie viele Unterrichtsstunden verwenden Sie/verwendest du für die Gesundheitsförderung im Halbjahr (ungefährer Wert)?

   ____

4. Welche Aspekte der Gesundheitsförderung sind besonders wichtig? Bitte begründen Sie/begründe dies kurz.

   ____

   ____

   ____

   ____

   ____

   ____

   ____

5. Wie gut ist unsere Schule im Bereich Gesundheitsförderung mit Materialien ausgestattet?

☐ sehr gut ☐ gut ☐ befriedigend ☐ mangelhaft ☐ ich weiß es nicht

6. Nutzen Sie/nutzt du die Materialien der Schule oder eigene?
Bitte begründen Sie/begründe kurz.

____

____

____

____

____

7. Bitte kreuzen Sie/kreuze in der Tabelle an, wie die einzelnen Bereiche der Gesundheitsförderung in unserer Schule wahrgenommen werden. (Ein Kreuz bedeutet „ja", kein Kreuz bedeutet, „nein".) Es dürfen mehrere Kreuze vergeben werden.

	Neue Materialien müssten entwickelt werden.	Kooperation zwischen Klassen/ Fächern ist vorhanden.	Schuleigenes Konzept sollte entwickelt werden.	Fortbildungen dazu wären wünschenswert.
Körperwissen				
Bewegung				
Entspannung				
Sucht- und Gewaltprävention				
Ernährung				

Vielen Dank für Ihre/deine Mithilfe!

Das Schwimmbad und ich

Ich gehe in die _____ Klasse. Ich bin ein 

① So gerne schwimme ich: 

② So gerne schwimme ich in der Schule: 

③ Hast du dein Schwimmabzeichen (Seepferdchen) in der Schule gemacht? ☐ Ja ☐ Nein

④ Fühlst du dich im Schwimmunterricht sicher? ☐ Ja ☐ Nein

⑤ Wie fühlst du dich nach dem Schwimmen?

⑥ Was gefällt dir am Schwimmunterricht besonders gut?

⑦ Was würdest du am Schwimmunterricht ändern?

Vielen Dank!

Das Schwimmbad und ich

Ich gehe in die _____ Klasse. Ich bin ein  

① So gerne schwimme ich: 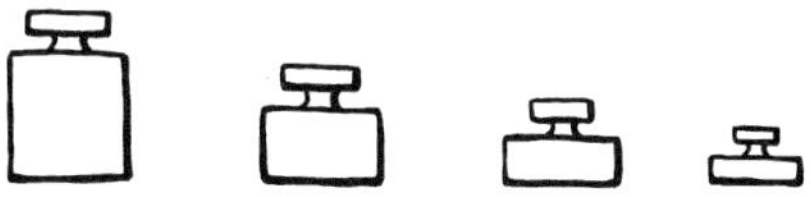

② So gerne schwimme ich in der Schule: 

③ Hast du dein Schwimmabzeichen (Seepferdchen) in der Schule gemacht? ☐ Ja ☐ Nein

④ Fühlst du dich im Schwimmunterricht sicher? ☐ Ja ☐ Nein

⑤ Wie fühlst du dich nach dem Schwimmen?

____

____

⑥ Was gefällt dir am Schwimmunterricht besonders gut?

____

____

____

⑦ Was würdest du am Schwimmunterricht ändern?

____

____

____

Vielen Dank!

Klassenklima

Ich gehe in die _____ Klasse. Ich bin ein  

① Wie wohl fühlst du dich in deiner Klasse?

② Wie macht ihr euer Klassenzimmer schöner?

- [ ] mit Plakaten
- [ ] mit Pflanzen und Blumen
- [ ] mit gebastelten Dingen (z. B. Fensterbildern)
- [ ] mit Bildern
- [ ] ______________________

③ Gibt es in deiner Klasse verschiedene Dienste?

- [ ] Ja
- [ ] Nein

④ Welche Dienste gibt es?

- [ ] 
- [ ] 
- [ ] 
- [ ] 
- [ ] 
- [ ] 
- [ ] Außerdem gibt es diesen Dienst:

____

⑤ Gibt es in deiner Klasse Klassenregeln?

- [ ] Ja
- [ ] Nein

Welche Regeln sind die wichtigsten?

⑥ Wie oft streiten die Kinder in deiner Klasse?

⑦ Wie wird der Streit meistens gelöst?

⑧ Wie oft arbeitet ihr in eurer Klasse in Gruppen?

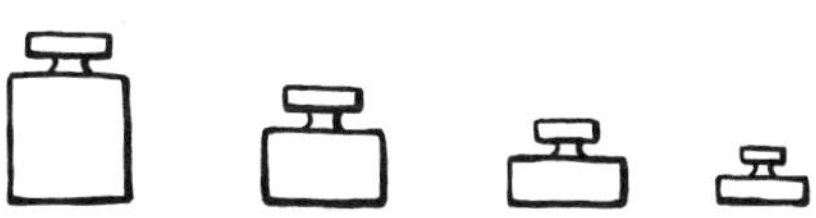

⑨ Arbeitest du gerne in Gruppen?

☐ Ja ☐ Nein

Kannst du das genauer erklären?

Vielen Dank!

Meine Klasse und ich

Klassenklima

Ich gehe in die _____ Klasse. Ich bin ein 

① Wie wohl fühlst du dich in deiner Klasse? 

② Wie gestaltet ihr euer Klassenzimmer?

- ☐ mit Plakaten
- ☐ mit Pflanzen und Blumen
- ☐ mit gebastelten Dingen (z. B. Fensterbildern)
- ☐ mit Bildern
- ☐ mit ______________________________

③ Gibt es in deiner Klasse verschiedene Dienste?

☐ Ja ☐ Nein

④ Welche Dienste gibt es?

☐  ☐  ☐ 

☐  ☐  ☐ 

☐ Außerdem gibt es noch diese Dienste:

____

⑤ Welchen Dienst hast du schon mal übernommen?

____

Meine Klasse und ich

Klassenklima

⑥ Gibt es in deiner Klasse Klassenregeln?

☐ Ja ☺ ☐ Nein ☹

Welche Regeln findest du am wichtigsten?

____

____

____

____

⑦ Was passiert, wenn einer von euch die Regeln nicht einhält?

____

____

____

____

⑧ Gibt es bei Problemen in der Klasse ein Klassengespräch?

☐ Ja ☺ ☐ Nein ☹

Wenn ja, wie läuft so ein Klassengespräch ab?

____

____

____

____

⑨ Wie oft arbeitet ihr in Gruppen?

⑩ Arbeitest du gerne in Gruppen?

☐ Ja ☺ ☐ Nein ☹

Kannst du das genauer erklären?

___

___

___

⑪ Gibt es bestimmte Regeln für Gruppenarbeiten? Welche sind das?

___

___

___

___

⑫ Was machst du, wenn du eine Aufgabe nicht verstehst?

___

___

___

___

⑬ Was würdest du dir in deiner Klasse wünschen?

___

___

___

___

Du hast es geschafft!

Vielen Dank!

Mein Deutsch-Unterricht

Liebe Schülerin, lieber Schüler,

wir würden gerne einige Dinge über deine Deutsch-Stunden herausfinden.

Deshalb stellen wir dir Fragen.

Schreibe bitte **nicht** deinen Namen auf das Blatt.

Bitte fülle alles ganz genau aus.

Vielen Dank für deine Mithilfe!

Ich gehe in die _____ Klasse. Ich bin ein  

Bitte stelle dir eine ganz normale Deutsch-Stunde vor.

① Kannst du nachfragen, wenn du etwas nicht verstehst?

☐ Ja ☐ Nein

② Beantwortet dein Lehrer/deine Lehrerin deine Fragen?

☐ Ja ☐ Nein

③ Erklärt dein Lehrer/deine Lehrerin so, dass du es gut verstehen kannst?

☐ Ja ☐ Nein

Lesen und Bücher

④ Dürft ihr mitentscheiden, welche Bücher oder Geschichten gelesen werden?

☐ Ja ☐ Nein

⑤ Liest euch euer Lehrer/eure Lehrerin vor?

☐ Ja ☐ Nein

⑥ Gefallen dir die Geschichten und Bücher, die ihr lest?

☐ Ja, oft. ☐ Nein, nie. ☐ Manchmal.

6a Was würdest du gerne in der Schule lesen?

⑦ Hast du schon einmal ein Buch in der Klasse vorgestellt?

☐ Ja ☐ Nein

Schreiben

⑧ Wie oft schreibst du eigene Geschichten in der Schule?

☐ jeden Tag ☐ oft

☐ selten ☐ nie

⑨ Worüber schreibst du in deinen Geschichten?

⑩ Habt ihr ein Heft, in dem Regeln zum richtigen Schreiben stehen?

☐ Ja ☐ Nein

⑪ Hilft dir dein Regelheft im Unterricht?

☐ Ja ☐ Nein ☐ Ich habe kein Regelheft.

⑫ Was würdest du dir für den Deutsch-Unterricht wünschen?

Du hast es geschafft!

Vielen Dank!

Mein Deutsch-Unterricht

Liebe Schülerin, lieber Schüler,

wir würden gerne einige Dinge über den Deutsch-Unterricht erfahren.

Deshalb stellen wir dir Fragen.

Schreibe bitte **nicht** deinen Namen auf das Blatt.

Bitte fülle alles ganz genau aus.

Vielen Dank für deine Mithilfe!

Ich gehe in die ____ Klasse. Ich bin ein  

Bitte stelle dir eine ganz normale Deutsch-Stunde vor.

① Kannst du nachfragen, wenn du etwas nicht verstehst?

☐ Ja ☐ Nein

② Beantwortet dein Lehrer/deine Lehrerin deine Fragen?

☐ Ja ☐ Nein

③ Erklärt dein Lehrer/deine Lehrerin so, dass du es gut verstehst?

☐ Ja ☐ Nein

Lesen und Buchvorstellungen

④ Liest euch euer Lehrer/eure Lehrerin manchmal vor?

☐ Ja ☐ Nein

⑤ Wenn ihr etwas lest, dürft ihr dann mitentscheiden, welche Geschichten oder welche Bücher gelesen werden?

☐ Ja, immer. ☐ Nein, nie. ☐ Manchmal.

Mein Deutsch-Unterricht

⑥ Gefallen dir die Geschichten und Bücher, die ihr im Deutsch-Unterricht lest?

☐ Ja, meistens. ☐ Nein, nie. ☐ Nur sehr selten.

⑥a Was würdest du gerne im Unterricht lesen?

____

____

____

⑦ Hast du schon einmal ein Buch in der Klasse vorgestellt?

☐ Ja ☐ Nein

⑧ Wenn du schon einmal ein Buch vorgestellt hast:
Was war daran besonders schwer?

____

____

____

⑨ Welche Tipps kannst du einem Kind geben, das ein Buch vorstellen möchte?

____

____

____

____

____

____

Schreiben und Grammatik

⑩ Wie oft schreibt ihr eigene Texte im Deutsch-Unterricht?

☐ täglich ☐ häufig/oft

☐ selten ☐ nie

⑪ Schreibt ihr auch eigene Geschichten? Oder sind es meistens Aufsätze, die der Lehrer oder die Lehrerin vorgibt?

____

____

____

⑫ Führt ihr ein Grammatikheft (= ein Heft für Regeln)?

☐ Ja ☐ Nein

⑬ Hilft dir dein Grammatikheft (= Regelheft) im Unterricht?

☐ Ja ☐ Nein

Bitte erkläre deine Antwort!

____

____

⑭ Was würdest du dir für den Deutsch-Unterricht wünschen?

____

____

____

Du hast es geschafft!

Vielen Dank!

Mein Mathematik-Unterricht

Liebe Schülerin, lieber Schüler,

wir würden gerne einige Dinge über deine Mathe-Stunden herausfinden.

Deshalb stellen wir dir Fragen.

Schreibe bitte **nicht** deinen Namen auf das Blatt.

Bitte fülle alles ganz genau aus.

Vielen Dank für deine Mithilfe!

Ich gehe in die _____ Klasse. Ich bin ein  

Bitte stelle dir eine ganz normale Mathe-Stunde vor.

① Kannst du nachfragen, wenn du etwas nicht verstehst?

☐ Ja ☐ Nein

② Beantwortet dein Lehrer/deine Lehrerin deine Fragen?

☐ Ja ☐ Nein

③ Erklärt dein Lehrer/deine Lehrerin so, dass du es gut verstehen kannst?

☐ Ja ☐ Nein

④ Was gehört für dich zu Mathematik?

☐  ☐  ☐  ☐ 

☐  ☐  ☐ 

Mein Mathematik-Unterricht

⑤ Schau dir die Tabelle genau an und kreuze an!

	Das kenne ich:	Das benutze ich in der Schule:	Das benutze ich zu Hause:
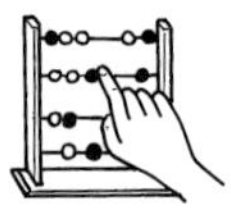			
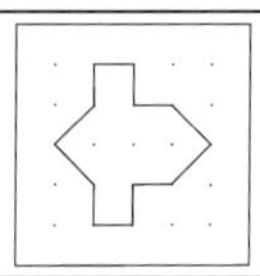			
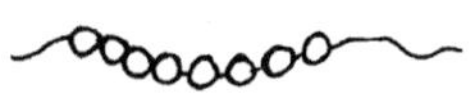			
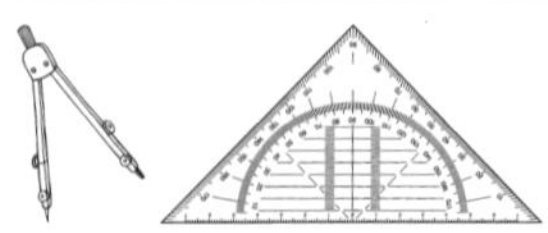			
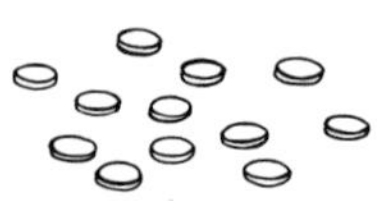			

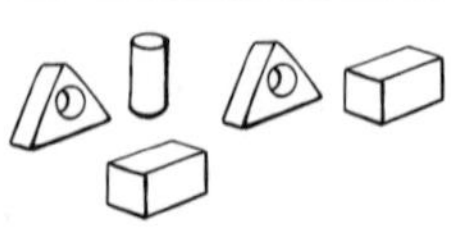			

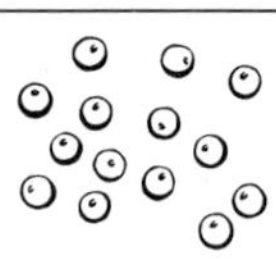			

⑥ Welche Dinge benutzt du beim Rechnen?

Diese Dinge benutze ich gerne:

weil

Diese Dinge benutze ich nicht gerne:

____

weil ____

⑦ Wie gut passen diese Bilder zu deinem Mathe-Unterricht?

	☐	☐	☐	☐
	☐	☐	☐	☐
	☐	☐	☐	☐
	☐	☐	☐	☐

⑧ Erklärt ihr euch gegenseitig Dinge? ☐ Ja ☐ Nein

⑨ Erklärst du gerne Dinge? ☐ Ja ☐ Nein

⑩ Die Mathe-Hausaufgaben sind für mich oft:

☐ sehr leicht ☐ leicht ☐ schwer ☐ sehr schwer

Du hast es geschafft!

Vielen Dank!

Mein Mathematik-Unterricht

Liebe Schülerin, lieber Schüler,

wir würden gerne einige Dinge über deinen Mathematik-Unterrricht erfahren. Deshalb stellen wir dir Fragen.

Schreibe bitte **<u>nicht</u>** deinen Namen auf das Blatt.

Bitte fülle alles ganz genau aus.

Vielen Dank für deine Mithilfe!

Ich gehe in die _____ Klasse. Ich bin ein  

Bitte stelle dir eine ganz normale Mathematik-Stunde vor.

① Kannst du nachfragen, wenn du etwas nicht verstehst?

☐ Ja ☐ Nein

② Beantwortet dein Lehrer/deine Lehrerin deine Fragen?

☐ Ja ☐ Nein

③ Erklärt dein Lehrer/deine Lehrerin so, dass du es gut verstehen kannst?

☐ Ja ☐ Nein

④ Was gehört für dich zu Mathematik?

☐  ☐  ☐ 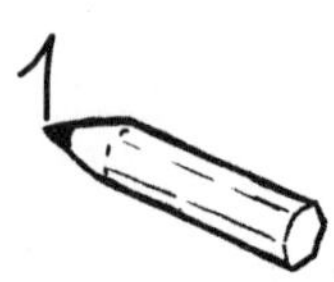 ☐ 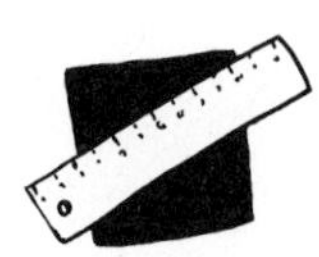

☐  ☐  ☐ 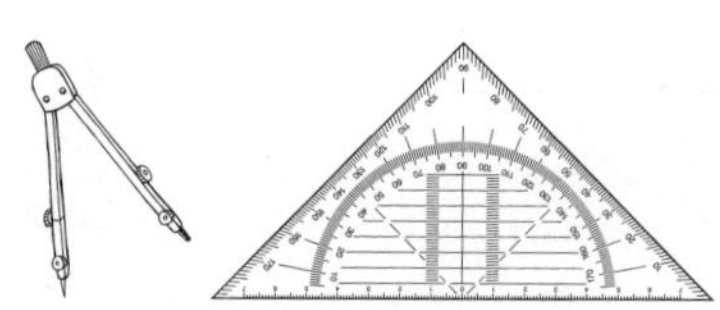

⑤ Schau dir die Tabelle genau an und kreuze an!

	Das kenne ich:	Das benutze ich in der Schule:	Das benutze ich zu Hause:	Das finde ich ...
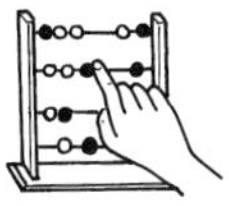				☺ ☹
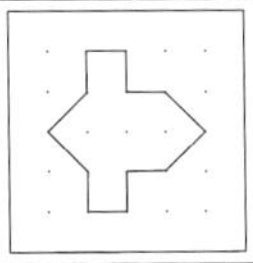				☺ ☹
				☺ ☹
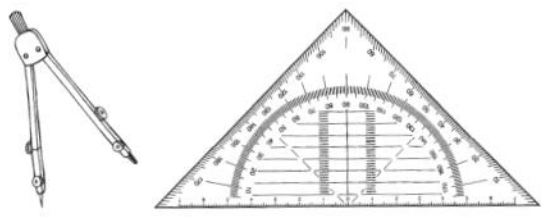				☺ ☹
				☺ ☹
				☺ ☹
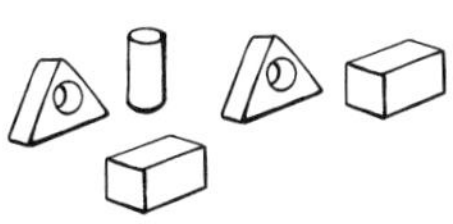				☺ ☹
				☺ ☹
				☺ ☹

⑥ Warum magst du die Dinge, bei denen du ein ☺ angekreuzt hast, besonders gerne?

____

____

____

Mein Mathematik-Unterricht

⑦ Warum magst du die Dinge, bei denen du ein ☹ angekreuzt hast, nicht so gerne?

____

____

____

⑧ Wie gut passen diese Bilder zu deinem Mathematik-Unterricht:

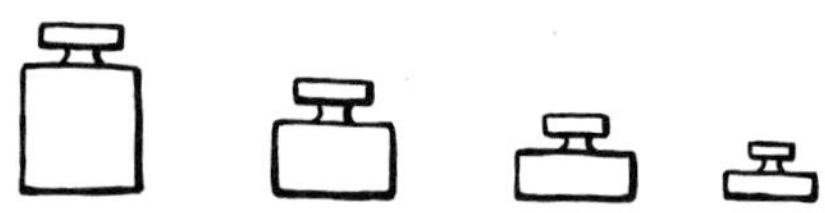

	☐	☐	☐	☐
	☐	☐	☐	☐
	☐	☐	☐	☐
	☐	☐	☐	☐

⑨ Wie gerne magst du …

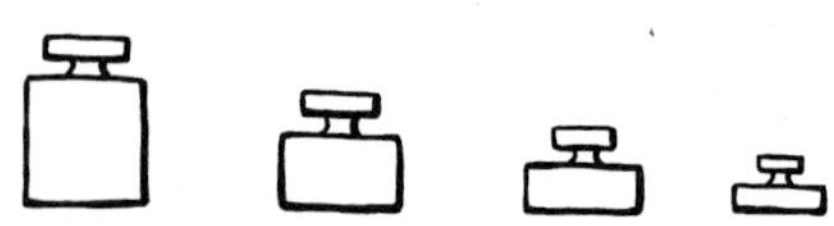

… wenn der Lehrer etwas an der Tafel erklärt und ihr zuhören müsst?	☐	☐	☐	☐
… wenn dir ein anderes Kind etwas erklärt?	☐	☐	☐	☐
… wenn du einem anderen Kind etwas erklärst?	☐	☐	☐	☐
… Partnerarbeit?	☐	☐	☐	☐
… Gruppenarbeit?	☐	☐	☐	☐
… Einzelarbeit?	☐	☐	☐	☐

⑩ Die Mathematik-Hausaufgaben sind für mich oft:

☐ sehr leicht ☐ leicht ☐ schwer ☐ sehr schwer

Bitte versuche, die nächsten beiden Sätze besonders genau zu erklären:

⑪ Ich finde es im Mathematik-Unterricht oft schwierig, wenn …

____

____

____

____

____

____

____

⑫ Ich finde es im Mathematik-Unterricht eigentlich ganz leicht, wenn …

____

____

____

____

____

____

____

Du hast es geschafft!

Vielen Dank!

Altrichter, H./Messner, E./Posch, P. (2004).
Schulen evaluieren sich selbst. Ein Leitfaden.
Seelze: Kallmeyer.

Beywl, W. (Hg.) (2000).
Handbuch der Evaluationsstandards.
Die Standards des "Joint Commitee on Standards for Educational Evaluation".
Opladen: Leske + Budrich.

DeGEval – Deutsche Gesellschaft für Evaluation (2002).
Standards für Evaluation.
Köln: Eigenverlag.
(www.degeval.de/calimero/tools/proxy.php?id=227)

Hense, J. H. (2006).
Selbstevaluation.
Erfolgsfaktoren und Wirkungen eines Ansatzes zu selbstbestimmter Qualitätsentwicklung im schulischen Bereich.
Frankfurt/Main: Peter Lang.

Holtappels, H. G. (2003).
Schulqualität durch Schulentwicklung und Evaluation.
München/Unterschleißheim: Luchterhand.

Wottawa, H./Thierau, H. (1998).
Lehrbuch Evaluation.
Bern: Hans Huber Verlag.

Sicher diagnostizieren und gezielt fördern!

Holger Probst, Wilhelm Günther

Bereit für die Schule?

Ein Schnellverfahren zur Überprüfung des Lern- und Entwicklungsstandes von Kindern zum Schuleintritt

Schulreif oder nicht? Diese Frage richtig zu beantworten hat weitreichende Folgen für die Schullaufbahn jedes Kindes. Deshalb ist eine gründliche und aufschlussreiche Überprüfung unerlässlich. Genau das leistet dieses erprobte Diagnostikmaterial! In einem halbstündigen Test untersuchen sie mit 23 spielerischen und einfach zu handhabenden Aufgaben die Bereiche phonologische Bewusstheit - vorzahlige Einsichten - Körperkoordination - Feinmotorik - Informationsverarbeitung - Merkfähigkeit.

So einfach und sicher haben Sie die Schulreife noch nie getestet!

Testpaket mit Anleitungsheft inkl. Kopiervorlagen, DIN A4, farbigem Spielplan DIN A3, 3 Spielfiguren, diversen Holzscheiben
Vorschule, 1. Klasse
Best.-Nr. 3883

Annette Ostermann

Lernvoraussetzungen von Schulanfängern

Beobachtungsstationen zur Diagnose und Förderung

Gehen Sie Verhaltensauffälligkeiten rechtzeitig auf den Grund! anhand von detailliert geschilderten Beobachtungsstationen stellen Sie fest, welche Lernvoraussetzungen bei Kindern vorhanden sind, nur teilweise ausgebildet wurden oder vollständig fehlen. Darüber hinaus gibt die Autorin Hinweise, wie Sie ein Kind im Unterricht und im außerschulischen Bereich am besten fördern. Dadurch fällt es Ihnen auch viel leichter, die passenden Maßnahmen zu empfehlen. Eine unentbehrliche Hilfe bei der sicheren Diagnostik zu Schulbeginn!

Fördern Sie von Anfang an!

Buch, 136 Seiten, DIN A4
1. und 2. Klasse
Best.-Nr. 3875

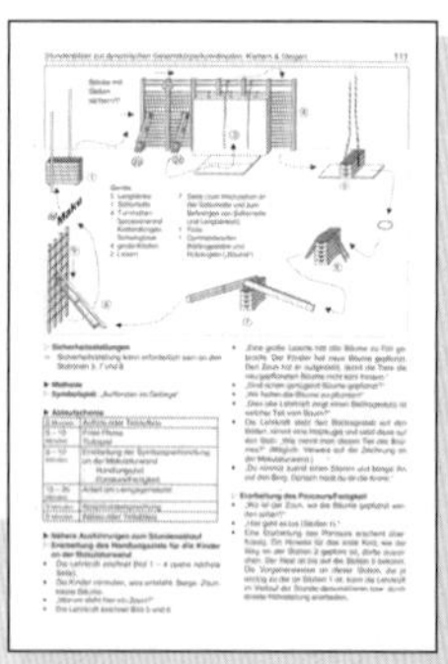

Hans-Joachim Fallinat, Achim Rix

Den Körper im Gleichgewicht

Psychomotorische Entwicklungsförderung der Gesamtkörperkoordination

Ein Buch für alle, die die allgemeine Bewegungsentwicklung von Kindern unterstützen möchten! Neben dem Testverfahren (Schlosstest) beschreiben die Autoren praxisbezogene methodische Konzepte zur effektiven Förderung der Bewegungsentwicklung sowie 30 Stundenbilder zur Förderung der Körperkoordination.

Jede Menge Ideen und Anleitungen zur Unterstützung der allgemeinen Bewegungsentwicklung!

Buch, 168 Seiten, DIN A4
Vorschule, Ab 1. Klasse
Best.-Nr. 3821

Heinz Dammeyer

Bergedorfer Test zur Buchstabenkenntnis

Mit Fördermaterial

Der Band bietet umfassendes Testmaterial zur Überprüfung der Buchstabensicherheit in der Druck- und Schreibschrift sowie Arbeitsblätter zur systematischen Förderung der Kinder. Alle Materialien wurden erfolgreich in der Schulpraxis erprobt und sind ohne großen Zeitaufwand im Unterricht an Grund- und Förderschulen einsetzbar.

Für einen frühzeitigen und schnellen Überblick über die Buchstabensicherheit Ihrer Schüler/-innen!

Buch, 70 Seiten, DIN A4
Ab 1. Klasse
Best.-Nr. 3502

Christel Rittmeyer

Kompendium Förderdiagnostik

Prinzipien, Methoden und Einsatzbereiche

Alles in einem Band! Das Buch bietet Ihnen einen umfassenden Überblick über alle relevanten Aspekte von den Grundlagen der traditionellen Diagnostik bis zu innovativen Ansätzen. Detailliert und anschaulich werden Ihnen Förderkonzepte vorgestellt: u. a. zu Wahrnehmung und Motorik, Schulfähigkeit, Rechtschreibung, Lesen und Mathematik.

Eine wertvolle Zusammenstellung, die das Thema von allen Seiten beleuchtet.

Buch, 135 Seiten, DIN A4
Ab 1. Klasse
Best.-Nr. 3984

Unser Bestellservice:

Das komplette Verlagsprogramm finden Sie in unserem Online-Shop unter

www.persen.de

Bei Fragen hilft Ihnen unser Kundenservice gerne weiter.

Deutschland: ✆ 0 41 61/7 49 60-40 · Schweiz: ✆ 052/366 53 54 · Österreich: ✆ 0 72 30/2 00 11